KU-024-496

Bon nombre de ceux que préoccupent les questions éducatives ne se détournent des sollicitations pressantes de l'actualité que pour céder aux attraits de l'aventure prospective. Il leur paraît parfois vain, voire dangereux, de s'intéresser à l'histoire de l'enseignement. Ne risquent-ils pas, en effet, d'appliquer aux problèmes du présent les solutions inefficaces que pourrait leur suggérer le passé et de marcher ainsi à reculons vers l'avenir ? Mais une attention exclusive au nouveau, à l'inédit, ne conduit-elle pas souvent à se laisser abuser par telle conception ou telle technique pédagogique à la mode ? Ce n'est pas l'une des moindres vertus de la culture historique que d'aider à aborder les questions du moment avec plus de lucidité, à tempérer les engouements excessifs, à éviter les réflexions anachroniques et à distinguer ce qui se proclame ou se désire de ce qui se réalise effectivement. Ecole de sagesse, dirions-nous, mais aussi école d'optimisme, dans la mesure où les progrès des institutions scolaires ont résulté, pour une part, du courage et de l'obstination d'individus ou de groupes d'hommes aux prises avec des difficultés assimilables, par certains côtés, à celles que nous connaissons aujourd'hui.

Les chapitres qui vont suivre ne sauraient avoir la prétention d'embrasser les multiples aspects doctrinaux et institutionnels de l'évolution pédagogique, depuis les débuts de la période gallo-romaine. Leur objet se limitera à l'histoire des structures scolaires, des moyens d'enseignement, des programmes et, dans une certaine mesure, des méthodes. Tout en retraçant, aussi fidèlement que possible, le devenir des trois degrés d'enseignement — primaire, secondaire, supérieur — que nous ont légués les civilisations hellénistique et romaine, il conviendra de souligner l'apparition de formes et de domaines nouveaux — éducation préscolaire, initiation technique, formation des adultes, préparation aux loisirs, etc. — dont le développement assurera une base concrète aux notions d'éducation intégrale et d'éducation permanente.

Au-delà de ce cadre imposé par les dimensions de l'ouvrage, une histoire totale de l'éducation devrait englober les aspects doctrinaux et pratiques de tous les types, scolaires et extrascolaires, formels et informels, d'influence sur les individus et les groupes. Si l'on s'en tient aux institutions scolaires et universitaires, les conditions et les difficultés actuelles de l'action éducative suscitent de nouveaux regards, de nouvelles interrogations sur le passé et conduisent à étendre progressivement le champ de l'investigation historique. Outre l'approfondissement de l'analyse des structures, du fonctionnement et des finalités de ces institutions, l'historiographie renouvelle l'étude de nombreux thèmes : les rapports complexes qui lient l'école à l'évolution des sociétés, les disciplines scolaires, les travaux d'élèves, les supports et les instruments d'enseignement (manuels, moyens audio-visuels, jouets), le recrutement ou le statut des maîtres et des élèves, etc.

L'étude d'un thème ne sera abordée qu'à partir du moment où les autorités chargées des questions d'enseignement feront de ce thème l'objet de mesures pratiques ou de projets suffisamment élaborés. Aussi, la période envisagée dans chacun des chapitres correspondra-t-elle, en même temps, à une grande division de l'histoire politique et à une étape importante de l'édification du système éducatif.

Cependant, les divisions ou les ruptures de l'histoire politique ne doivent pas masquer les phénomènes de continuité pédagogique. Ainsi, comme on le verra au chapitre IV, l'enseignement du dessin, qui connaît un grand essor à la fin de l'Ancien Régime, occupe une place prépondérante dans les écoles centrales de la Convention. Il en va de même pour la construction du réseau d'écoles d'ingénieurs, amorcée au milieu du XVIIIe siècle et poursuivie sous la Révolution avec la création de l'Ecole polytechnique.

Chapitre Premier

L'ENSEIGNEMENT DANS LA GAULE ROMAINE
(Ier siècle av. J.-C. - Ve siècle)

Avant la conquête romaine, ce sont, d'une part, les druides, à la fois prêtres, magistrats et éducateurs, d'autre part, les bardes — poètes et chroniqueurs — qui assurent la formation morale, religieuse, juridique et historique des nobles et des chefs de tribu. Les Gaulois n'ayant pratiquement pas de tradition écrite, l'éducation, imprégnée de magie, est donnée oralement sous la forme de préceptes ou de chants poétiques.

Jules César et les premiers empereurs romains traquent les druides, dépositaires de la culture celtique. Tibère proclame la suppression de l'enseignement druidique au début du Ier siècle, mais la langue gauloise continue à être pratiquée jusqu'au Ve siècle dans les zones rurales.

I. — La politique scolaire des empereurs romains

La Grèce, devenue province romaine (IIe siècle av. J.-C.), a transmis à ses vainqueurs l'éducation hellénistique, qui avait elle-même affirmé son originalité après les conquêtes d'Alexandre (IVe siècle av. J.-C.). C'est sous cette forme hellénistique que la culture classique sera introduite en Gaule par les Romains et magnifiée, quinze siècles plus tard, par les humanistes de la Renaissance.

Cette culture est caractérisée par l'idéal d'une éducation complète, à dominante littéraire et à

5

forme livresque. Elle se propose, en principe, de former l'homme en tant que tel, indépendamment des besoins de la collectivité et des exigences de la fonction professionnelle. En fait, elle saura se mettre au service de l'Etat sous l'Empire romain, et au service de l'Eglise lorsque celle-ci s'identifiera progressivement, au cours du Moyen Age, à l'ordre social existant.

Après une période d'engouement pour tous les aspects de la culture grecque, Rome impose sa marque propre au contenu et aux méthodes de l'éducation hellénistique. Elle rejette ou réforme tout d'abord certains enseignements jugés peu compatibles avec la mentalité latine. Les arts musicaux (musique, chant, danse) sont admis, non comme discipline scolaire, mais comme moyen de divertissement, comme forme de spectacle. Les exercices physiques ne se pratiquent plus, en tant qu'athlétisme ou sport, sur le stade ou la palestre, mais remplissent une fonction hygiénique, dans la technique des bains de vapeur, ou interviennent dans les jeux de cirque et d'amphithéâtre. Si la philosophie, la science et, dans une certaine mesure, la médecine restent grecques, le droit représente l'aspect le plus original de l'apport romain.

Certaines des disciplines introduites par les Grecs sont enseignées avec des préoccupations modernes, voire utilitaires. C'est ainsi que la rhétorique emprunte souvent ses thèmes à l'actualité : droit maritime ou successoral, débats politiques, etc. Si les conservateurs marquent leur préférence pour la rhétorique grecque, c'est afin de maintenir des études longues et, par conséquent, accessibles aux seuls fils de familles patriciennes. A ces considérations d'ordre social, il conviendrait d'ajouter le sentiment d'infériorité culturelle qu'éprouvent les Romains à l'égard du peuple hellénique. H. Marrou (1) voit dans ce sentiment l'ébauche d'une attitude éducative qui se manifeste encore aujourd'hui. « Trait remarquable, précise-t-il, par lequel le classicisme romain ouvre la voie aux formes modernes de l'humanisme qui reposent sur l'étude d'une langue auxiliaire, d'une langue de culture, véhicule d'une tradition à laquelle on reconnaît une supériorité essentielle et une valeur exemplaire. » Ce n'est qu'après Cicéron (106-43 av. J.-C.) et Virgile (70-19 av. J.-C.) que la langue latine, capable de transmettre une riche culture, concurrence sérieusement la langue grecque.

L'adaptation de l'enseignement hellénistique à l'esprit latin progresse en même temps que s'établit, surtout en faveur des enfants issus des classes dirigeantes, un vaste réseau d'écoles. L'empereur anime cette politique scolaire, d'abord à titre de mécène, puis, sous le Bas-Empire, en tant que responsable d'un véritable service public. Après Vespasien (9-79), il crée des chaires d'Etat, accorde aux enseignants des exemptions fiscales et fonde des bourses, les *institutions alimentaires*, au profit de certains élèves.

De nombreuses cités entretiennent des écoles publiques dont les maîtres, recrutés par concours, sont nommés et peuvent être révoqués par le conseil municipal. La Gaule possède des écoles municipales, notamment à Besançon, Lyon et Toulouse. Elle dispose, en outre, de centres culturels importants à Marseille, à Autun où enseigne le rhéteur Eumène (260-311) et à Bordeaux où se distingue Ausone (309-392), considéré comme le plus grand poète de son temps. Comment, au début de l'ère chrétienne, ces différentes écoles sont-elles organisées ? Quels en sont les programmes, les méthodes ?

(1) On voudra bien se reporter à la bibliographie proposée à la fin de l'ouvrage. La plupart des éléments de ce chapitre ont été tirés de l'ouvrage fondamental de H. MARROU, consacré à l'*Histoire de l'éducation dans l'Antiquité*.

II. — Les trois degrés
de l'enseignement gallo-romain

L'éducation archaïque, de forme domestique, se maintient dans certaines familles aristocratiques où il s'agit, par exemple, de préparer les esclaves à l'exécution de tâches précises. Mais, suivant le modèle hellénistique, l'enseignement romain ou gallo-romain est, dans l'ensemble, organisé collectivement au sein d'une école.

Trois catégories d'établissements se partagent les enfants et les adolescents issus, pour la plupart, comme on l'a déjà souligné, de milieux privilégiés.

1. Les écoles primaires. — Tenue par le *primus magister* ou *magister ludi* — le mot instituteur sera en usage au temps de Dioclétien (245-313) — l'école primaire, installée dans une sorte de boutique, accueille des garçons et des filles de 7 à 11-12 ans. Les élèves s'y rendent accompagnés d'un esclave, le *paedagogus*, qui remplit parfois les fonctions de répétiteur et d'éducateur moral. Les heures de travail, groupées dans la matinée, sont consacrées à la lecture, à l'écriture, au calcul et à la récitation.

L'enseignement de la lecture consiste à réciter l'alphabet dans l'ordre, à rebours ou par couples de lettres occupant des positions symétriques par rapport à la lettre médiane (A-X, B-V, C-T, etc.). Selon le procédé encore en usage dans la méthode dite synthétique, on passe des lettres aux syllabes, puis aux mots et, enfin, à de courtes phrases. Durant les leçons d'écriture, le maître guide la main de l'enfant ou lui permet de suivre, au moyen d'un poinçon, le dessin de lettres gravées en creux sur une tablette recouverte de cire. En calcul, l'enfant apprend la nomenclature numérique au moyen de jetons, ou de petits cailloux, les *calculi*. Il utilise aussi la mimique symbolique des doigts.

Comme chez les Grecs, l'enseignement revêt une forme passive et coercitive. Les Romains apportent cependant un certain nombre d'améliorations au système initial : répartition des élèves en divisions homogènes, création d'un embryon d'enseignement mutuel, introduction du tableau, humanisation de la discipline.

2. Les écoles secondaires.

— L'enseignement secondaire est dispensé par le *grammaticus* à une élite de garçons et de filles, âgés de 11-12 à 15 ans. Cet enseignement, à dominante littéraire et érudite, comporte, d'une part, l'étude de la grammaire, d'autre part, l'explication des auteurs classiques.

La formation grammaticale réside essentiellement dans l'analyse abstraite des éléments du langage et des catégories de l'entendement. Des préoccupations utilitaires se font parfois jour lorsqu'il s'agit, par exemple, de mettre les élèves en garde contre les défauts à éviter dans la pratique de la langue.

L'étude des auteurs classiques donne lieu à la lecture expressive puis à la récitation par cœur de textes préalablement expliqués et commentés quant au fond et à la forme. Le commentaire met à contribution une large information livresque où entrent en jeu la mythologie, l'histoire, la géographie et les sciences. Les programmes s'organisent autour de quelques auteurs prestigieux : Térence et Virgile pour la poésie, Salluste pour l'histoire et Cicéron pour l'art oratoire.

Cette dernière discipline appartient au domaine de l'enseignement supérieur.

3. Les écoles supérieures.

— De 15 à 20 ans, le jeune Romain apprend, sous la direction du *rhéteur*, à maîtriser l'art oratoire. L'élève est entraîné progressivement à composer des discours sur des sujets choisis par le maître et se rapportant à des thèmes plus ou moins scabreux : actes de piraterie, enlèvements, viols, etc.

Deux tendances s'affrontent à propos des fins qu'il convient d'assigner à l'enseignement de la rhétorique. Pour certains, comme le célèbre rhéteur Quintilien (35-95), l'apprentissage de l'art oratoire, préparé par une large culture littéraire, philosophique et juridique, doit conduire à la formation de conférenciers désintéressés. Pour d'autres, au contraire, il s'agit de fournir à l'Empire les avocats et les cadres administratifs dont il a le plus grand besoin. L'exercice de ces fonctions exige qu'un enseignement du droit, assuré par le *magister juris*, s'ajoute à l'acquisition des règles de la rhétorique. Les fonctionnaires subalternes apprennent la sténographie dont l'origine remonte au IVe siècle av. J.-C., mais dont l'enseignement est organisé sous le Bas-Empire.

Pour compléter ce rapide inventaire des institutions éducatives de la Gaule romaine, il convient de signaler l'importance que prennent les clubs de jeunes aristocrates *(collegia juvenum)* à partir du début de notre ère. Ces clubs, dont le rôle paraît comparable à celui de l'éphébie grecque, assurent, à la fois, la formation religieuse, sportive, militaire et politique de la jeunesse. Les membres du club se groupent en une société en miniature, avec magistrats élus, afin de s'initier à la vie parlementaire.

Avant d'atteindre, au début de l'Empire, une forme relativement stable, le système éducatif qu'on vient d'évoquer est passé par différentes étapes, répondant chacune à un stade du développement de la culture romaine. Alors que l'enseignement primaire est apparu dès la période étrusque (VIIe siècle av. J.-C.), les enseignements secondaire et supérieur ne se sont constitués respectivement qu'au IIIe et au Ier siècles av. J.-C.

Rappelons qu'aux premiers siècles de l'ère chrétienne, les institutions scolaires s'érigent progressivement en service public. Aussi parviendront-elles difficilement à subsister après la chute de l'Empire romain d'Occident.

III. — Le déclin des écoles antiques et l'affirmation de l'autorité de l'Eglise

Aux IVe et Ve siècles, d'importants événements préparent la relève des écoles antiques par les écoles chrétiennes.

Par l'Edit de Milan (313), l'empereur Constantin proclame la liberté de tous les cultes puis confère aux chrétiens un statut privilégié. Quelques décennies plus tard (391), le christianisme devient religion d'Etat avec Théodose. A la mort de celui-ci (395), l'Empire romain se divise en Empire d'Occident (Rome) et en Empire d'Orient (Constantinople). Peu après (406), déferlent sur la Gaule les premières des grandes invasions barbares qui précipiteront l'effondrement de l'Empire d'Occident (476).

La pédagogie classique, hellénistique, se maintient à Constantinople (Byzance) jusqu'à la chute de l'Empire d'Orient (1453). En Gaule, elle subsiste pendant un certain temps, sous la forme d'enseignement privé, et s'éteint au cours du VIe siècle.

Les possibilités qui s'offrent alors à l'expansion de l'éducation chrétienne s'élargissent dans la mesure où la disparition de l'Empire d'Occident contribue à accroître le prestige et l'autorité de l'évêque de Rome et de l'Eglise. Celle-ci s'apprête à réaliser l'unité morale de la société médiévale et à lui donner ses institutions éducatives. La vocation universelle de l'Eglise s'incarne, notamment, dans l'œuvre évangélisatrice du pape Grégoire le Grand (535-604).

A la fin de l'Antiquité, trois courants culturels animent les débris de l'Empire d'Occident : l'humanisme gréco-romain, le christianisme et l'éducation barbare orientée, comme dans la société homérique, vers la formation des paysans et des guerriers.

Le souci de convertir les Barbares stimule, dès cette époque, l'action éducative de l'Eglise. Mais, bien avant le début des grandes invasions, celle-ci a dû surmonter les difficultés suscitées par la coexistence du christianisme et de la culture classique. En vérité, les questions de pédagogie ou de politique scolaire lui paraissaient, sous le Haut-Empire, moins urgentes que l'édification des dogmes et de la liturgie. Aussi a-t-elle accepté l'humanisme classique, d'inspiration pourtant païenne, et toléré les écoles antiques, tout en établissant une distinction entre les vertus formatrices des disciplines scolaires et les valeurs qu'elles étaient susceptibles de véhiculer. Certains Pères de l'Eglise, comme saint Augustin (354-430), sont allés plus loin en s'efforçant de concilier la culture classique et l'esprit de la nouvelle religion. Ajoutons que de nombreux chrétiens ont dû, pour gagner leur vie, enseigner dans les écoles antiques.

Après les grandes invasions et la disparition de ces écoles dans l'Occident barbare, l'Eglise romaine, tout en assumant la tradition classique, va élaborer un nouveau système d'enseignement

Chapitre II

DES PREMIÈRES ÉCOLES CHRÉTIENNES A L'ÉPANOUISSEMENT DES UNIVERSITÉS MÉDIÉVALES
(VIe siècle - XVe siècle)

A la fois continuatrice et rivale de l'éducation antique, la pédagogie chrétienne doit s'édifier dans un monde bouleversé par les invasions barbares. Aussi se préoccupe-t-elle, à ses débuts, de défendre la religion menacée par les différents paganismes et s'oriente-t-elle délibérément vers la formation des membres du clergé. Elle dispensera par la suite un enseignement moins spécialisé et multipliera ses écoles dans la mesure où se renforcera, au cours du Moyen Age, l'autorité de l'Eglise.

La vitalité et la réputation internationale de certaines de ces écoles susciteront, dans des conditions historiques déterminées, le vaste mouvement d'organisation universitaire du XIIIe siècle. Avec la constitution des universités médiévales prendra forme un enseignement supérieur au sein duquel se différencieront les collèges d'enseignement secondaire.

I. — La vocation professionnelle des premières écoles chrétiennes

Trois types d'écoles chrétiennes apparaissent, au VIe siècle, dans l'Occident barbare :

1. Les écoles monastiques ou claustrales. — Les monastères d'Orient accueillent, dès le IVe siècle, des enfants susceptibles d'entrer dans les ordres. L'éducation monastique est introduite au VIᵉ siècle en Gaule barbare par les disciples de saint Benoît (480-543) et du moine irlandais saint Colomban (543-615). Des monastères bénédictins s'édifient alors à Marseille, Arles, Uzès, Lérins, Hyères, etc.

2. **Les écoles épiscopales ou cathédrales.** — Créés à la même époque, ces établissements se présentent initialement comme de modestes manécanteries ou de petits séminaires. Ils n'en constituent pas moins le germe des universités médiévales.

3. **Les écoles presbytériales ou paroissiales.** — Ces écoles sont également instituées au VIᵉ siècle, après le deuxième Concile de Vaison (529) qui prescrit « à tous les prêtres chargés de paroisse de recevoir chez eux, en qualité de lecteurs, des jeunes gens, afin de les élever chrétiennement, de leur apprendre les psaumes et les leçons de l'Ecriture, et toute la loi du Seigneur, de façon à pouvoir se préparer parmi eux de dignes successeurs ».

Comme on le voit, ces différentes catégories d'établissements tiennent surtout lieu d'écoles professionnelles, consacrées à la formation des moines et des clercs. Cependant, la disparition des écoles antiques conduit les établissements chrétiens à admettre des enfants qui ne se destinent pas à l'état ecclésiastique. L'élargissement du recrutement semble s'opérer tout d'abord en Irlande. Dans ce pays resté étranger à l'Empire romain, la tradition druidique incite les rois et les chefs à confier aux moines le soin d'éduquer la jeunesse aristocratique.

En poursuivant leur tâche d'évangélisation, les écoles chrétiennes s'assurent de nouvelles recrues et procèdent, du même coup, à une révision de leurs techniques pédagogiques.

II. — Les méthodes de l'éducation chrétienne au début du Moyen Age

La sévérité de l'éducation antique se trouve renforcée à la fois par la tradition germanique, qui confère au père un pouvoir discrétionnaire sur les enfants, et par la représentation chrétienne de la nocivité du péché originel chez le jeune être. Cependant, les moines tempèrent la discipline en se référant aux enseignements du Christ et en considérant que l'enfant « ne persévère pas dans ses colères, n'est pas rancunier, ne se délecte pas de la beauté des femmes et dit ce qu'il pense ». On se montre plus méfiant et plus strict à l'égard de l'adolescent chez lequel on redoute l'éveil des appétits sexuels.

En ce qui concerne les moyens pédagogiques, un certain nombre de modifications sont apportées aux techniques de l'école gréco-romaine. On retrouve, certes, au niveau élémentaire, l'emploi des tablettes gravées ou des jetons pour l'apprentissage de l'écriture et du calcul. Mais l'enseignement de la lecture revêt souvent un caractère global. L'enfant est mis très tôt en présence d'un texte sacré qu'il doit apprendre par cœur. Il différencie par la suite les lettres dans les inscriptions mentionnées sous les portraits des saints et des apôtres. L'essentiel du travail scolaire est consacré à la copie des psaumes que l'enfant récite à l'occasion, par exemple, du passage au monastère d'un hôte instruit (1).

Dans l'enseignement de niveau secondaire et supérieur, l'étude du latin se révèle d'autant plus indispensable que, même dans les pays romans, les dialectes parlés s'éloignent de cette langue. Les élèves apprennent la prosodie, enrichissent leur vocabulaire au moyen de glossaires et s'initient à la structure de la langue en recopiant des extraits d'ouvrages de grammairiens. La formation littéraire est négligée, au moins jusqu'à la Renaissance carolingienne. On ne prend connaissance des auteurs classiques qu'à travers les traités de grammaire. Cet enseignement secondaire et supérieur est généralement réservé aux clercs qui tendent à constituer un groupe scolaire fermé, gardant jalousement ses secrets et défendant ses privilèges.

Les illettrés, surtout ceux des zones rurales, conservent leurs habitudes païennes. Aussi, l'Eglise est-elle amenée à simplifier ses rites afin de rendre plus facile la conversion ou l'initiation religieuse des populations barbares. Elle réalise, à cet effet, une « prédication muette », ou si l'on préfère, une pédagogie par l'image qui puise ses thèmes dans la littérature hagiographique. Tenant compte de l'intérêt manifesté par les Barbares pour le chant et la danse, elle fait participer étroitement les

(1) Des moyens pédagogiques sont conçus pour aider l'enfant à surmonter deux ordres de difficultés : la complexité graphique de l'écriture gothique et la nécessité de lire dans une langue (le latin) autre que la langue maternelle (D. A. BIDON, La lettre volée. Apprendre à lire au Moyen Age, *Annales*, n° 4 de 1989).

fidèles à la liturgie. Les principaux actes de la vie sont marqués par des chants sacrés ou des cérémonies : le prêtre bénit les vignes, le lit nuptial ou la coupe de la première barbe.

Cette collaboration intime entre prêtres et laïcs ne représente qu'une phase de l'histoire ecclésiastique. Les efforts de centralisation et d'homogénéisation culturelle entrepris par l'Eglise romaine vont conduire les clercs à se réserver le domaine de la liturgie et à former un ordre à part. Tel est, selon P. Riché, le climat pédagogique dans lequel va s'accomplir, à la fin du VIIIe siècle, ce qu'il est convenu d'appeler la Renaissance carolingienne.

III. — La Renaissance carolingienne

En reconstituant l'Empire d'Occident, Charlemagne réalise, pour un temps, l'unité politique du monde chrétien et favorise ainsi l'œuvre éducative de l'Eglise. Il participe directement au développement de cette œuvre en prescrivant, au moyen de capitulaires, l'ouverture d'écoles ou la modification de certains programmes. Il contribue par ailleurs au renouveau des études littéraires en faisant de sa Cour un centre international de haute culture.

La tradition littéraire de l'Antiquité s'était maintenue, au début du Moyen Age, dans certains foyers culturels d'Italie et d'Angleterre, ou dans l'œuvre d'écrivains (Cassiodore au VIe siècle) et de prélats (Isidore de Séville au VIIe siècle) se situant dans la lignée de saint Augustin. A partir du VIIe siècle, les échanges intellectuels se développent entre ces foyers de culture. Des écoles monastiques ou épiscopales s'ouvrent alors aux études littéraires. Charlemagne renforce ce courant d'échanges en rassemblant autour de lui de nombreux lettrés, parmi lesquels l'Anglais Alcuin (735-804), maître de l'Ecole d'York, et l'historien lombard Paul Diacre (740-801). C'est ainsi que s'organise la célèbre *Ecole du Palais*.

L'Ecole palatine n'est pas, comme le veut la légende, cet établissement primaire où sont admis indistinctement les fils de serfs et de seigneurs et où Charlemagne dispense périodiquement blâmes et récompenses, plaçant à sa droite les meilleurs et à sa gauche les paresseux. L'Ecole du Palais se présente, en fait, comme une sorte d'Académie ambulante où de jeunes nobles, ayant déjà reçu, dans une école épiscopale ou au moyen du préceptorat, une instruction assez poussée, viennent enrichir leur culture auprès de maîtres prestigieux.

L'*Ecole du Palais* est un établissement de haut enseignement. Les programmes d'instruction secondaire et supérieure couvrent le cycle des sept arts libéraux dont la nomenclature, proposée par un rhéteur carthaginois du ve siècle, Martianus Capella, était en germe dans l'œuvre de Platon (ive siècle av. J.-C.).

Les arts libéraux sont constitués par :

1. Le **trivium** ou arts philologiques et logiques : grammaire, rhétorique, dialectique ;
2. Le **quadrivium** ou arts des nombres : arithmétique, géométrie, astronomie, musique.

Tandis que le *quadrivium* se présente comme un enseignement de luxe, réservé à de rares initiés, le *trivium* peut être considéré comme un programme de niveau secondaire. Ce programme est conçu pour former l'homme à partir d'études relatives à l'homme. Il préfigure, sous ce rapport, les *humanités* des collèges de l'Ancien Régime.

Dans les écoles épiscopales où sont enseignées les disciplines du *trivium*, la grammaire occupe une place privilégiée. Instrument d'analyse de la langue, cette matière apparaît comme le meilleur moyen de connaître les opérations de l'esprit, puisque les catégories grammaticales sont censées correspondre aux catégories logiques. Par exemple, les notions de nom et d'adjectif sont liées respectivement à celles de substance et d'attribut.

Pour enseigner la grammaire et les autres matières du *trivium*, le maître se borne le plus souvent à pratiquer la technique de la *lectio*, à lire des textes et à les commenter.

Ces commentaires font l'objet d'inscriptions, les gloses, en marge des livres. A côté de la *lectio*, une autre technique plus active, la discussion ou *disputatio*, apparaît dans les traités didactiques d'Alcuin et annonce la pédagogie des universités médiévales.

L'importance attribuée à l'enseignement de la grammaire dans les écoles carolingiennes, conduit E. Durkheim à parler de l'âge du *formalisme grammatical* pour caractériser la période qui s'étend du IXe au XIIe siècle. Considérée comme une forme de culture logique, l'étude de la grammaire prélude à l'essor de la pédagogie scolastique. Le XIIe siècle ouvre l'âge du *formalisme logique*.

IV. — La création des universités

Après la mort de Charlemagne, le monde chrétien traverse une assez longue période d'instabilité et d'insécurité. Les rivalités entre les successeurs de l'empereur, les invasions normandes, hongroises et sarrasines entraînent, durant plus d'un siècle, une stagnation de la vie intellectuelle et un arrêt du développement des institutions scolaires.

Au cours des XIe et XIIe siècles, la monarchie capétienne s'organise progressivement et Paris devient le centre effectif de la France. Le haut clergé, dont les prérogatives se sont accrues en même temps que se consolidait le régime féodal, renforce le monopole de fait qu'il exerce sur l'enseignement. L'administration scolaire relève de la compétence de l'évêque. L'Eglise, grâce aux biens dont elle dispose, multiplie les œuvres de charité et ouvre ses écoles aux enfants pauvres. Les troisième et quatrième Conciles du Latran (1179-1215) instituent, dans chaque cathédrale, un bénéfice ecclésiastique afin qu'un maître puisse donner gratuitement des leçons aux clercs de cette église et aux écoliers sans ressources. Les croisades entretiennent une certaine effervescence mentale et créent un climat favorable au cosmopolitisme. Tandis que la vie urbaine se développe et intensifie les échanges intellectuels, les communautés de métiers constituent un vaste mouvement d'organisation des corps intermédiaires face aux détenteurs de l'autorité.

C'est dans un tel contexte que s'édifient, à la fin du XIIe et au début du XIIIe siècle, les premières corporations enseignantes ou, si l'on préfère, les premières universités. Il convient de préciser que le mot *universitas* signifie simplement association et ne renvoie, au début, à aucun contenu scolaire. Ce terme ne devient officiel, à Paris, qu'en 1261, mais la situation qu'il désigne est préparée par la création, à partir de la fin du Xe siècle, de nombreuses écoles épiscopales dont certaines (Angers, Chartres, Laon, Orléans, Reims) s'érigent, au cours des XIe et XIIe siècles, en centres de haut enseignement.

A Paris, plusieurs écoles monastiques (Saint-Germain-des-Prés, Sainte-Geneviève, Saint-Victor), se développent en même temps que l'école épiscopale de l'Ile de la Cité (cloître Notre-Dame). Le Quartier latin, délimité par ces établissements, devient, grâce à la présence de maîtres réputés comme Pierre Abélard (1079-1142), le berceau de la plus prestigieuse Université du Moyen Age. Les écoles parisiennes ne sont pas en mesure d'accueillir les milliers d'étudiants qui accourent de tous les pays chrétiens. Aussi, de nombreux maîtres ouvrent-ils des écoles particulières. La multiplication de ces établissements qui échappent plus ou moins à l'autorité de l'évêque, exige de nouvelles formes d'organisation, l'élaboration d'un statut impliquant, à la fois, la jouissance de certains privilèges et la soumission à des règles.

Précisons, à ce propos, que les maîtres et les étudiants, pour la plupart clercs ordonnés ou tonsurés, bénéficient, à ce titre, d'une situation juridique particulière. Ils sont exemptés de l'impôt (privilège de l'immunité) et ne peuvent être jugés que par les tribunaux ecclésiastiques (privilège du for). Par ailleurs, l'accès à la fonction enseignante s'effectue selon certaines coutumes solidement établies. Il est nécessaire, pour ouvrir une école, d'avoir suivi pendant 5 à 7 ans l'enseignement d'un maître confirmé. L'entrée dans la profession suppose, d'une part, la délivrance de la licence d'enseigner, la *licentia docendi*, par le représentant de l'évêque — écolâtre ou chancelier —, d'autre part, la remise au candidat des insignes de sa nouvelle fonction. Il s'agit d'une cérémonie d'intronisation, l'*inceptio*, organisée par les maîtres eux-mêmes. Ceux-ci ne partagent pas toujours le point de vue des représentants de l'évêque sur la compétence des candidats. De vives querelles en résultent. Le chancelier use volontiers de l'excommunication tandis que les maîtres menacent de suspendre leurs cours. C'est à travers de tels conflits que l'Université conquiert progressivement son autonomie. Dans la lutte qu'ils mènent contre le pouvoir épiscopal, les maîtres et les étudiants de Paris bénéficient tour à tour de l'appui du pape et du roi.

La sollicitude du pape se justifie par le caractère international que revêt, à ses débuts, l'Université de Paris. Dès 1213, Innocent III intervient pour limiter les prérogatives du chancelier en matière de collation des grades. En 1215, Robert de Courçon, légat du pape, accorde aux maîtres et aux étudiants le droit de coalition, fixe la liste des auteurs et ouvrages scolaires (Aristote pour la logique, Priscien pour la grammaire), et détermine les conditions d'accès à la fonction enseignante. Cet ensemble de mesures peut être considéré comme le premier statut de l'Université de Paris. Quinze années plus tard, à la suite d'une querelle entre le prévôt de Paris et les universitaires, ces derniers, soutenus par le pape Grégoire IX, obtiennent, au terme d'une grève de deux ans (1229-1231) le « droit de cessation ».

Les interventions du pouvoir royal concernent tout d'abord les démêlés des étudiants avec la police. Au XIIIe siècle, Philippe Auguste et saint Louis confirment les privilèges accordés aux maîtres et aux étudiants. Moins libéral, Louis XI limite, deux siècles plus tard, les franchises universitaires en étendant la compétence de son Parlement et en renforçant l'autorité du prévôt de Paris (1464). Il obtient du pape une bulle contre le « droit de cessation ». La dernière grève, sévèrement réprimée, a lieu en 1499, sous Louis XII. Tout en accentuant sa mainmise sur l'organisation universitaire, le roi se préoccupe parfois des questions proprement scolaires. C'est ainsi que la réforme du cardinal d'Estouteville (1452), relative à l'organisation des études, aux examens et à l'inspection, est réalisée avec le concours de six délégués de Charles VII.

L'initiative du pouvoir royal se manifeste surtout à propos de l'organisation des universités provinciales. Parmi les universités du XIIIe siècle, celles de Montpellier et d'Orléans se développent, de la même façon qu'à Paris, en fonction des doléances ou des besoins exprimés par les intéressés eux-mêmes. Il n'en va pas de même pour l'Université de Toulouse, fondée en 1229 pour atteindre certains objectifs politiques et religieux. Le roi et le pape la conçoivent, en effet, comme un moyen propre à combattre l'hérésie cathare. Aux XIVe et au XVe siècles, de nombreuses universités s'édifient, en dépit des graves difficultés engendrées par la guerre de Cent ans et le Grand Schisme. Citons, par ordre chronologique : Avignon (1303), Cahors (1331), Grenoble (1339), Orange (1364), Aix (1409), Dôle (1423), réunie à Besançon en 1479, Poitiers (1431), Angers (1432), Bordeaux (1441), Caen (1445), Valence (1452), Nantes (1461), Bourges (1463). Certaines d'entre elles, comme l'Université de Caen, sont fondées par les Anglais. A la fin du XVe siècle, la plupart des universités se trouvent placées sous l'autorité du pouvoir royal.

Si le mouvement universitaire est fortement marqué par les grands événements politiques et religieux de la fin du Moyen Age, il participe lui-même activement au déroulement de ces événements. Il prend parti pour le roi dans le conflit qui, au XIVe siècle, oppose Philippe le Bel au pape Boniface VIII. Au XVe siècle, durant le Grand Schisme, il adopte une position gallicane en soutenant la supériorité du Concile sur le pape. L'Université française pourra alors difficilement compter sur les faveurs pontificales. De toute façon, le corps universitaire cessera, tant sur le plan intellectuel que politique, de jouer, à partir du XVIe siècle, le rôle important qui fut le sien au cours du Moyen Age. Un long processus de décadence, accentué par l'essor de nouveaux types d'établissements, aboutira, sous la Révolution, à l'abolition des universités. Certains aspects de leur organisation et l'esprit de l'enseignement qu'elles dispensent peuvent nous éclairer sur les raisons de ce déclin.

V. — L'organisation de la vie universitaire au Moyen Age

L'Université médiévale élabore des structures, des institutions, dont certaines, les grades par exemple, lui survivront. Le cas privilégié de Paris nous fournit, à cet égard, les indications les plus nombreuses et les plus précises. L'Université est un corps à la fois ecclésiastique et laïque. Les étudiants, comme le personnel enseignant, doivent, en principe, appartenir à la religion catholique. Les maîtres sont considérés comme des clercs séculiers s'ils restent célibataires. En faisant, dans son enseignement, une place aux problèmes de la foi et en réservant un temps aux messes et aux prières, l'Université s'apparente aux établissements confessionnels. Elle se présente, en outre, comme une corporation de maîtres et d'élèves de sexe masculin. Les uns et les autres bénéficient des mêmes privilèges en matière de juridiction et des mêmes exemptions. Mais seuls les maîtres participent effectivement à la direction et à l'organisation de la vie universitaire.

L'Université de Paris ne dispose pas, à l'origine, d'édifices spéciaux. Les maîtres utilisent des locaux particuliers qu'ils louent dans l'Ile de la Cité puis sur la rive gauche, dans l'actuel quartier Maubert (rue du Fouarre, rue Galande, rue de la Bûcherie). Les étudiants choisissent librement leur maître. Ceux qui n'ont pas leur famille à Paris vivent chez des particuliers ou se groupent en communautés, les *hospitia*, pour le logement et la nourriture. Dès la fin du XIIᵉ siècle, certains étudiants pauvres sont hébergés gratuitement dans des *hospitia* charitables comme le Collège des Dix-Huit, fondé en 1180, près de l'Hôtel-Dieu. Ces *collèges*, foyers initialement distincts des lieux d'enseignement, se multiplient au cours des siècles suivants, grâce aux libéralités d'ecclésiastiques ou de laïcs fortunés. Il s'en crée onze à Paris au XIIIᵉ siècle, une trentaine au XIVᵉ siècle, cinq au XVᵉ siècle. Un certain nombre de collèges disposent d'une bibliothèque et bénéficient des services d'un répétiteur. La Maison de la *Sorbonne*, collège fondé en 1257 par Robert de Sorbon, chapelain de saint Louis, héberge seize étudiants en théologie qui reçoivent un enseignement complémentaire au sein même de l'établissement. Attirés par de tels avantages, la plupart des étudiants, qu'ils soient riches ou pauvres, se font admettre dans les collèges universitaires. Les maîtres, à leur tour, se rendent au collège pour dispenser leur enseignement. Ce processus d'internement des élèves et des maîtres est légitimé par la durée de certaines formations — les études de théologie se prolongent jusqu'à l'âge de 35 ans — et par le recrutement de très jeunes étudiants qui séjournent à Paris, loin de leurs familles. Vers la fin du XVᵉ siècle, la transformation des foyers initiaux en internats est pratiquement accomplie, tout au moins pour les collèges de la Faculté des Arts et de la Faculté de Théologie.

Au début, la répartition des spécialités enseignées paraît s'opérer à l'échelle du monde chrétien. On se rend à Paris pour apprendre la théologie, à Bologne pour le droit, à Montpellier pour la médecine. Puis, une différenciation s'opère au sein de chaque corps universitaire. A Paris, la division en quatre facultés — Arts, Théologie, Décret (Droit), Médecine — s'effectue à partir de 1222.

La Faculté des Arts, qui rassemble les étudiants les plus jeunes, tient lieu d'établissement secondaire ou de propédeutique par rapport aux trois autres facultés qu'on pourrait qualifier de professionnelles. Elle accueille, en principe, des préadolescents ou des adolescents qui ont acquis une formation élémentaire (lecture, écriture, grammaire latine) sous la direction de précepteurs ou dans des écoles ecclésiastiques auxquelles sont annexés des pensionnats, les *pédagogies*. Mais il lui arrive d'admettre des enfants de 7 ou 8 ans, ne sachant ni lire ni écrire. C'est dire qu'elle rassemble une population scolaire très diversifiée quant à l'âge et au niveau d'instruction. Numériquement la plus importante — elle compte, en 1280, 120 enseignants contre 30 pour l'ensemble des trois autres branches de l'Université parisienne — la Faculté des Arts est divisée en quatre *nations*, constituées selon l'origine géographique et les affinités linguistiques des maîtres et des étudiants. A côté de la nation France, qui groupe l'Ile-de-France, les provinces limitrophes et les pays étrangers de langue romane, prennent place la nation Normandie, la nation Picardie dont font partie les Pays-Bas, et la nation Angleterre à laquelle se joignent les pays germaniques (1).

Le corps universitaire se présente comme une sorte de fédération de sept compagnies : les trois facultés supérieures et les quatre nations de la Faculté des Arts. Chaque compagnie gère son propre budget dont les recettes proviennent surtout des taxes versées par les candidats aux divers grades. La nation est administrée par un *procureur*, choisi parmi les *principaux*, eux-mêmes élus par les élèves des différents collèges. Un *doyen*, désigné par les docteurs, se trouve à la tête de chacune des facultés supérieures. Enfin le *recteur*, élu par les procureurs des nations, remplit la double fonction de chef de la Faculté des Arts et de représentant de toute l'Université.

(1) A l'aube du XVᵉ siècle, l'Université de Paris compte 3 500 à 4 000 étudiants. La proportion d'étudiants étrangers s'élève à 10 % pour la France (J. VERGER, *Histoire des universités en France*, Toulouse, Privat, 1986).

24

VI. — Les examens et l'esprit de l'enseignement à la Faculté des Arts

La Faculté des Arts qui, rappelons-le, dispense un enseignement de niveau à la fois secondaire et supérieur, assure la préparation de trois grades dont on pourrait trouver la réplique dans les communautés de métiers :

1. **La déterminance** est délivrée par les nations à des étudiants, généralement âgés de 14 à 16 ans, qui doivent préalablement soutenir publiquement, sous forme de dispute, une argumentation sur un sujet proposé. Au xve siècle, la déterminance prend le nom de **baccalauréat**. Il est intéressant de remarquer, à ce propos, que le titre de *bachelier*, utilisé aussi bien dans les universités que dans les corporations et la chevalerie, évoque toujours l'idée de passage, de situation intermédiaire, entre deux statuts bien définis.

2. **La licence** est délivrée par le chancelier à des étudiants, âgés d'au moins 21 ans, qui ont suivi pendant 6 ans l'enseignement dispensé par la faculté. Ils doivent, en outre, passer un examen devant un jury de maîtres et participer à une dispute.

3. **La maîtrise ès arts**, appelée plus tard **doctorat**, est conférée peu de temps après l'attribution de la licence. La délivrance de ce grade par le recteur ne dépend pas de la réussite à un examen. Au cours d'une cérémonie d'intronisation, la corporation universitaire autorise le candidat à enseigner dans un collège de la Faculté des Arts. Le nouveau maître a, de plus, la possibilité de passer le baccalauréat des facultés supérieures. Ces facultés (Théologie, Droit, Médecine) sanctionnent, à leur tour, la formation des étudiants par la collation de trois nouveaux grades : le baccalauréat, délivré par les docteurs de

la faculté, la licence, conférée par le chancelier, et le doctorat.

La forme des examens, dominée par la dispute, par l'art d'argumenter et de réfuter, reflète bien l'esprit scolastique de la pédagogie médiévale. L'enseignement de la Faculté des Arts comporte des études ordinaires (grammaire, logique) et des leçons extraordinaires (métaphysique, morale, mathématiques, histoire naturelle, astronomie), organisées le soir ou les jours de fête, à l'intention des candidats à la licence. Ce programme ne comporte pas de formation religieuse mais l'initiation logique est censée devoir renforcer la foi. L'enseignement conserve un caractère livresque. Il s'agit, même à propos des disciplines scientifiques, de bien connaître, non les choses elles-mêmes, mais ce que des auteurs consacrés ont dit de ces choses. La lecture et le commentaire des ouvrages autorisés mettent en œuvre trois techniques pédagogiques. L'*expositio* consiste pour le maître à analyser un livre, moins sous l'angle de son contenu ou de sa valeur littéraire, qu'en fonction de sa forme logique, de la rigueur du raisonnement suivi par l'auteur. La technique des *quaestiones* limite l'analyse à un court extrait ou à une seule proposition. Le maître expose successivement les arguments favorables et défavorables à la thèse présentée puis justifie sa propre position. La *disputatio* est un exercice plus actif qui, selon le cas, met aux prises les maîtres entre eux, les étudiants entre eux ou les enseignants avec leurs élèves. Selon Robert de Sorbon, cette technique « a pour résultat d'éclairer tous les doutes. Rien n'est parfaitement su qui n'ait été trituré sous la dent de la dispute ». En vérité, l'élève apprend moins à raisonner qu'à critiquer, réfuter, l'argumentation d'autrui. Aussi, les disputes dégénèrent-elles souvent en vains jeux de mots ou en rixes. On comprend dès lors que Rabelais et d'autres écrivains de la Renaissance se déchaîneront contre la cuistrerie des *sorbonagres* et dénonceront les méthodes de l'enseignement scolastique.

On a sans doute exagéré la sévérité de la discipline dans les collèges médiévaux. En fait, au libéralisme qu'implique l'exercice de la dispute correspond une certaine modération dans la distribution des sanctions. Si les élèves s'exposent à des amendes ou à des menaces d'exclusion, ils n'ont pas pour autant à redouter de durs châtiments corporels. Il faut attendre la fin du xve siècle pour voir se généraliser l'usage des verges et des férules dans des établissements de plus en plus repliés sur eux-mêmes et fermés à tout esprit libéral. Ce ne sera pas toujours sans raison qu'Erasme (1469-1536) évoquera avec indignation son expérience d'interne au collège parisien de Montaigu.

Pour revenir à l'enseignement proprement dit, la pédagogie scolastique se justifie, selon E. Durkheim, si l'on tient compte de l'état de la pensée scientifique au Moyen Age. Faute d'une maîtrise suffisante du raisonnement expérimental, on s'efforce d'atteindre la vérité en confrontant les opinions des hommes, en ayant recours aux œuvres consacrées. De plus, les discussions auxquelles se livrent les universitaires portent sur des thèmes philosophiques ou religieux qui ont, pour le monde médiéval, une importance considérable. Ainsi, la célèbre controverse des Universaux, qu'Abélard anime de son redoutable talent dialectique, a pour enjeu la conciliation de la foi et de la raison. Dans un tout autre domaine, il n'est pas absurde de penser que la formation scolastique a une certaine portée pratique, si l'on considère les interminables sujets de contestation auxquels donnent lieu les franchises et les privilèges concédés au cours de la période étudiée. L'Université paraît donc répondre, tant par son organisation que par son esprit, aux caractéristiques et aux exigences d'une époque déterminée.

Cependant, la rigidité de l'organisation corporative et l'impuissance de l'esprit scolastique à s'aventurer dans des voies inexplorées, contribueront à rejeter le corps universitaire en marge des grands mouvements littéraire et scientifique des Temps Modernes. Aussi, le renouvellement pédagogique du XVIe siècle s'effectuera-t-il surtout dans des collèges qui, jusqu'à la fin du XVIIIe siècle, échapperont au contrôle de l'Université.

Chapitre III

L'ESSOR DE L'ENSEIGNEMENT SECONDAIRE
SOUS L'ANCIEN RÉGIME
(XVIᵉ siècle - XVIIIᵉ siècle)

La rénovation pédagogique du XVIᵉ siècle prend place dans un ensemble de transformations socio-économiques, politiques, idéologiques et culturelles. Ces transformations provoquent l'éclosion de nouveaux besoins, de nouveaux goûts qui retentissent, à leur tour, sur les fins de l'éducation. L'honnête homme de la Renaissance, membre d'une société polie où domine le souci de plaire, doit savoir apprécier la valeur littéraire d'un texte et s'exprimer d'une manière correcte et élégante. Une maîtrise suffisante des langues anciennes lui permet d'entreprendre l'étude des grandes œuvres classiques et de parvenir ainsi à une meilleure compréhension de l'homme.

Il est devenu banal d'opposer cette conception *humaniste* de l'éducation à la pédagogie scolastique des universités médiévales. Pourtant, les étudiants du Moyen Age ont eu, eux aussi, ne serait-ce que par les œuvres d'Aristote, accès à la culture antique. De plus, les préoccupations relatives à la connaissance de l'homme se sont manifestées dans l'étude du *trivium* avant de s'affirmer avec éclat dans l'œuvre de Montaigne (1533-1592). Et, lorsque Rabelais (1494-1553) dispense à ses héros un savoir encyclopédique, c'est autant par une information livresque, concernant les opinions des anciens, que par un contact direct avec la réalité. L'apport essentiel de la Renaissance réside essentiellement, selon E. Durkheim, dans la substitution d'un *formalisme littéraire* au *formalisme logique*. Le souci de suivre l'enchaînement des arguments développés par un auteur cède en partie la place au désir de mettre en valeur les aspects esthétiques ou moraux d'un texte.

Le nouvel idéal éducatif s'incarne principalement dans la formation assurée par les collèges de Jésuites. Ces collèges constituent la pièce maîtresse d'un véritable enseignement secondaire dont la Faculté des Arts a fourni l'ébauche. L'essor de cet enseignement représente la caractéristique essentielle des réalisations pédagogiques de l'Ancien Régime. La participation des Jésuites et d'autres congrégations à ces réalisations est inséparable du développement des luttes religieuses, inaugurées par la Réforme. Le roi prend part à ces luttes et s'intéresse aux questions scolaires dans la mesure où la monarchie absolue s'efforce de rattacher le domaine de la foi à une conception totale de l'unité nationale.

Tout en s'appuyant sur deux ordres privilégiés, le clergé catholique et la noblesse féodale, le roi ne peut se passer des services de la grande bourgeoisie d'affaires. L'essor économique de cette bourgeoisie conduit à concevoir, surtout au XVIIIe siècle, un renouvellement des valeurs éducatives, un enseignement ouvert sur la vie et des programmes réalistes, répondant au développement de la mobilité sociale. Ces tendances modernes se font jour dans certains établissements, notamment dans les collèges tenus par les Oratoriens.

Rival malheureux des congrégations enseignantes, le corps universitaire ne peut échapper au lent processus de désagrégation qui mine toutes les corporations médiévales. C'est le plus souvent dans des établissements indépendants de l'Université qu'on peut trouver un enseignement secondaire ou supérieur de qualité.

Quant à l'enseignement primaire, dont on évoquera en dernier lieu la situation, il est conçu, à la fois, comme une œuvre de charité et comme un instrument de prosélytisme dans un pays déchiré par les conflits religieux. Les *petites écoles* ne donnent cependant lieu qu'à des réalisations bien modestes. Il faudra attendre les toutes dernières décennies de l'Ancien Régime pour voir apparaître certaines préoccupations concernant l'organisation d'une véritable éducation nationale.

I. — La politique scolaire des rois de France

Au cours de la première moitié du XVIᵉ siècle, François Iᵉʳ intervient directement dans le mouvement de rénovation culturelle en encourageant les lettres et les arts, en imposant la langue française dans les actes judiciaires (1) et en instituant, sous le nom de *lecteurs royaux* puis de *Collège royal*, le *Collège de France* (1530).

Ces lecteurs, indépendants du corps universitaire, enseignent l'hébreu, le grec et le latin, disciplines auxquelles viennent s'ajouter, par la suite, l'orientalisme, la philosophie, la médecine et les mathématiques. La Sorbonne essaie de mettre un terme à la concurrence déloyale de ces lecteurs qui prétendent expliquer la Bible sans être eux-mêmes théologiens. La lutte se poursuivra jusqu'en 1773, date de l'intégration du Collège de France dans l'Université.

La fin du règne de François Iᵉʳ est marquée par les premiers affrontements entre catholiques et protestants sur le terrain de l'enseignement.

_____

(1) Ordonnance de Villers-Cotterêts (1539).

Luther (1483-1546) avait le premier vu, dans l'instruction obligatoire, la condition indispensable d'une authentique éducation chrétienne. Au moment où de nombreuses écoles de l'est et du midi de la France sont touchées par la nouvelle religion, le Concile de Trente (1545-1563) décide de créer, dans chaque église « une petite école dont le maître, précepteur ou régent choisi par l'évêque, enseignera gratuitement aux enfants pauvres la lecture, l'écriture, la grammaire, le chant, le calcul ».

Les difficultés de l'action missionnaire conduisent la Compagnie de Jésus, fondée en 1538 par Ignace de Loyola (1491-1556), à s'intéresser aux questions d'enseignement. En 1551, elle reçoit du roi Henri II l'autorisation d'édifier un collège à Paris. Le Parlement, la fraction gallicane du clergé et la Faculté des Arts demandent l'annulation de cette faveur, mais les Jésuites obtiennent gain de cause après douze années de luttes. L'établissement, appelé Collège de Clermont, puis Collège Louis-le-Grand à partir de 1683, ouvre ses portes en 1563. L'œuvre pédagogique de la Congrégation se développe rapidement jusqu'en 1594, date à laquelle la Compagnie fait l'objet d'une première mesure d'expulsion, à la suite d'un attentat commis contre le roi par un élève de collège. Henri IV rappelle les Jésuites en 1604.

Entre temps, l'Edit de Nantes (1598) permet aux protestants d'ouvrir des écoles publiques. Le roi nomme par ailleurs une commission chargée d'élaborer, pour l'Université de Paris, des statuts propres à imposer l'ordre et la discipline aux maîtres désœuvrés et factieux. Ces statuts, promulgués en 1598-1600, consacrent à la fois la mainmise du pouvoir sur l'Université et la sécularisation des buts de l'éducation. Les élèves de la Faculté des Arts doivent apprendre « à prier pour le roi très-chrétien, à lui être soumis et à obéir aux magistrats ». De plus, « la bonne éducation de la jeunesse... éclaire et polit les esprits encore neufs et, de stériles qu'ils étaient, les rend propres aux emplois publics et capables de les bien remplir ». Les statuts paraissent favoriser l'Université dans la compétition qui l'oppose aux Jésuites. Ils lui confèrent, en effet, le monopole de l'instruction au-dessus de neuf ans et le monopole de la collation des grades. L'activité pédagogique des ordres religieux ne cesse cependant de s'étendre.

Comme ce fut le cas pour la Compagnie de Jésus, la Congrégation de l'Oratoire, fondée en 1611 par Pierre de Bérulle (1575-1629), ne se destine pas initialement aux tâches enseignantes. C'est le pape Paul V qui incite vivement les Oratoriens à accepter la direction d'établissements scolaires. Le premier collège est ouvert à Dieppe en 1614, à la demande de l'archevêque de Rouen et avec l'appui de la municipalité. Louis XIII soutient les efforts de la nouvelle congrégation au sein de laquelle il choisit ses chapelains. Mais, en accueillant favorablement le jansénisme et le cartésianisme, les Oratoriens s'attirent l'hostilité de Louis XIV et entrent en conflit avec les évêques et les Jésuites.

Les *petites écoles* jansénistes de Port-Royal, fondées en 1637, dispensent à quelques dizaines d'élèves un enseignement primaire et secondaire dont l'esprit rejoint celui des collèges d'Oratoriens. Elles passent par des phases d'épanouissement et de repli, puis disparaissent en 1656, sous l'effet de multiples persécutions.

L'avènement du gouvernement personnel de Louis XIV (1661) inaugure une période de succès pour la Compagnie de Jésus et amène une aggravation des mesures répressives à l'égard des Oratoriens et surtout des écoles protestantes.

Les écoles protestantes sont tenues en suspicion avant d'être interdites par la révocation de l'Edit de Nantes (1685). Certaines d'entre elles subsistent néanmoins sous la forme d'écoles clandestines ou *buissonnières*. En prescrivant l'obligation scolaire jusqu'à 14 ans (1698), le roi a principalement en vue la conversion des enfants vivant dans les régions gagnées par la religion réformée.

Deux ordres religieux se destinent, sous le règne de Louis XIV, à l'enseignement gratuit des enfants pauvres : la Congrégation des Frères de Saint-Charles, fondée à Lyon, en 1666, par Ch. Demia (1636-1695) et l'Institut des Frères des Ecoles Chrétiennes, créé à Reims, en 1680, par J.-B. de La Salle (1651-1719).

Après la mort du Roi, le Régent et Louis XV poursuivent, à l'égard des protestants, une politique scolaire de coercition. Les discriminations religieuses ne cesseront qu'en 1787.

Différentes mesures prises au cours du XVIIIᵉ siècle attestent la préoccupation constante de séculariser l'enseignement et de réglementer la vie universitaire. Au niveau élémentaire, l'intendant, en tant que tuteur des villes et des communautés rurales, intervient, à côté de l'évêque, dans la vie des écoles. En matière d'enseignement secondaire et supérieur, l'Etat institue la gratuité dans les collèges universitaires de Paris (1719), crée des *concours d'agrégation* pour les maîtres ès arts désireux d'occuper une chaire (1766) et fonde diverses écoles techniques et militaires.

Parmi toutes les décisions d'ordre politique ou administratif, c'est l'expulsion des Jésuites qui, dans le domaine scolaire, provoque les bouleversements les plus profonds.

Précisons que cette mesure intéresse toute la chrétienté puisque la Compagnie est bannie du Portugal (1759), de France (1762), et d'Espagne (1767), avant d'être dissoute par le pape Clément XIV (1773). En ce qui concerne la France, l'expulsion est le fait d'une coalition formée par l'Université, les parlements et les Jansénistes. Après le départ des Jésuites, des bureaux, composés d'ecclésiastiques et de laïcs, sont chargés, dans chaque localité, d'administrer les collèges. La gestion des établissements est confiée, selon le cas, à l'Université, aux Oratoriens ou à des particuliers. Cette situation nouvelle engendre de nombreux conflits de préséance et suscite un puissant courant de réflexion pédagogique. Les ouvrages doctrinaux et les projets d'organisation de l'enseignement se multiplient. Certains titres sont significatifs. Retenons, entre autres, l'*Essai d'éducation nationale* (1763) de L.-R. Caradeuc de La Chalotais et le *Mémoire sur l'éducation publique* (1764) de L.-B. Guyton de Morveau. Il est probable que ces livres ont, à la fin de l'Ancien Régime un plus grand retentissement que l'*Emile*, publié en 1762. La volonté d'instituer un ministère de l'Instruction publique se précise lorsque Turgot préconise la formation d'un conseil sous l'autorité duquel seraient placés les académies, les universités, les collèges et les petites écoles. L'idée nouvelle d'éducation natio-

33

nale se concrétisera, sinon dans les réalisations, du moins dans les projets des législateurs de la Révolution.

Avant d'examiner ces projets, il convient d'étudier certaines caractéristiques pédagogiques des différents types d'établissements dont on vient de retracer l'histoire.

II. — Universités, corps savants et écoles techniques supérieures

Le mouvement de création universitaire, amorcé au XIIIe siècle, se poursuit au cours de l'Ancien Régime.

Les universités de Douai, Pont-à-Mousson et Reims sont fondées au XVIe siècle, celles de Pau et de Strasbourg au XVIIe siècle, celles de Dijon et de Nancy au XVIIIe siècle. Les Jésuites participent à ce mouvement, en dépit des obstacles dressés par le corps universitaire. Ils prennent en main la Faculté de Théologie de Montpellier et créent, à Pont-à-Mousson, une Université qui sera englobée par celle de Nancy après l'expulsion de 1762. Compte tenu de la suppression ou du transfert de certains établissements, on dénombre, à la veille de la Révolution, vingt-deux universités qui sont loin de conserver le prestige dont jouissaient les corporations enseignantes du Moyen Age (1).

Une tendance réformatrice se manifeste dans certaines Facultés des Arts où l'on enseigne les nouveautés scientifiques, l'histoire ou la géographie. Mais la vie intellectuelle se développe surtout dans des établissements étrangers à l'Université. On a déjà évoqué la création du Collège de France par François Ier. Sous les règnes de Louis XIII et de Louis XIV, de grands corps de savants et d'artistes

(1) Des travaux récents remettent en question la thèse classique du déclin des universités sous l'Ancien Régime. Celles-ci continuent cependant à avoir pour principale fonction de préserver l'ordre social et non de promouvoir une société nouvelle (D. JULIA, J. REVEL, R. CHARTIER, *Les universités européennes du XVIe au XVIIIe siècle*, Paris, E.H.E.S.S., 1986).

se constituent : l'Académie française (1635), le Jardin du Roi, avec des chaires de botanique, de chimie et d'anatomie (1636), l'Académie de Peinture et de Sculpture (1648), l'Académie des Inscriptions et Belles-Lettres (1663), l'Académie des Sciences (1666), l'Académie de Musique (1666) et l'Académie d'Architecture (1671).

Le XVIIIe siècle participe à ce mouvement en fondant les Académies royales de Chirurgie (1731) et de Médecine (1776). Mais sa contribution originale réside dans la multiplication d'institutions diverses qui assument à la fois des fonctions de recherche et d'enseignement. Il s'agit notamment des académies provinciales, des sociétés d'émulation, des bureaux d'agriculture, des cabinets d'histoire naturelle ou des cours publics. Ces institutions sont au nombre de quatre-vingts à la fin de l'Ancien Régime. Leur création, le plus souvent postérieure à 1750, procède d'une conception nouvelle de la place de la science dans la société. Suivant l'exemple donné par les encyclopédistes, on se propose de diffuser largement les résultats de recherches dont on perçoit de plus en plus la portée pratique.

L'État intervient directement pour favoriser l'essor des académies parisiennes ou provinciales. Ainsi, après la fondation, en 1761, de la Société d'Agriculture de la généralité de Paris, qui devient par la suite l'Académie d'Agriculture, les intendants sont invités à créer des établissements semblables dans leurs juridictions. Les enseignements dispensés par les académies sont très divers. A Dijon, par exemple, l'Académie des Sciences et Belles-Lettres organise des cours de botanique, de chimie et de matière médicale. Ces cours s'adressent, en général, à un public cultivé. Il n'en va pas de même pour les dix-sept cours d'accouchement et les vingt-deux écoles de dessin qui, à la fin du XVIIIe siècle, répondent à des besoins sociaux et professionnels précis.

Les manufactures d'État ou privées, l'Armée et la Marine utilisent un outillage de plus en plus perfectionné dont le maniement et le contrôle exigent la création de véritables écoles techniques de niveau supérieur. Les cadres de l'Armée et de la Marine sont formés dans des établissements souvent conçus comme des institutions de bienfaisance pour la noblesse pauvre ou ruinée.

Citons, par ordre chronologique : l'Académie royale pour la jeune noblesse (1594), les écoles d'artillerie dont la première est fondée à Douai (1679), les compagnies de cadets-gentilshommes, les écoles de navigation et les compagnies de gardes (1682), l'Ecole du Génie de Mézières (1748), l'Ecole militaire de Paris (1751), l'Ecole d'application du Génie maritime (1765), l'Ecole navale du Havre (1773) et les petites écoles d'hydrographie, établies dans les principaux ports du royaume. L'Ecole militaire de Paris reçoit, selon les désirs de la marquise de Pompadour, « cinq cents gentilshommes nés sans bien ». L'entretien de cette institution étant jugé trop onéreux, on la ferme en 1776 et on en disperse les élèves dans onze écoles provinciales dont trois sont confiées aux Oratoriens et cinq aux Bénédictins. Parmi ces établissements figurent l'Ecole de Sorèze, bien connue pour ses tendances modernes, et celle de Brienne où Napoléon reçoit sa formation. L'Ecole militaire de Paris rouvre ses portes en 1777 puis, pour des raisons financières, est supprimée en 1788.

L'Ecole du Génie de Mézières est généralement considérée comme le meilleur établissement technique de l'Ancien Régime. D'éminents professeurs, comme Monge, y enseignent les mathématiques. D'illustres savants ou hommes politiques, comme Carnot, Coulomb, Cugnot et Poncelet, en sont issus. D'autres établissements, à vocation professionnelle plus marquée, jouissent également d'une grande renommée. Il s'agit de l'Ecole des Ponts et Chaussées, fondée en 1747 et reconnue officiellement en 1775, de l'Ecole des Mines, créée en 1783 et des écoles vétérinaires, fondées à Lyon en 1763 et à Alfort en 1766. Le mouvement d'organisation de l'enseignement technique supérieur se poursuivra sous la Révolution.

Les élèves admis dans ces différents établissements ont reçu une formation secondaire, soit sous une forme préceptorale, soit dans les collèges gérés par la Faculté des Arts, les congrégations enseignantes ou des particuliers.

III. — Les collèges de l'Ancien Régime

C'est l'enseignement secondaire qui, durant l'Ancien Régime, a donné lieu aux élaborations doctrinales et aux réalisations les plus importantes.

Selon un rapport établi en 1843 par A. F. Villemain et repris par la plupart des historiens de la pédagogie, il existait, à la veille de la Révolution, 562 collèges avec 73 000 élèves, dont 40 000 boursiers, pour une population de 25 millions d'habitants. Parmi ces établissements, 178 appartenaient aux congrégations et 384 dépendaient des facultés des arts ou étaient gérés par des particuliers. En procédant à un autre type de contrôle, M. A. Silvy estime à 800 le nombre des localités qui possédaient des écoles secondaires entre 1500 et 1789. Compte tenu des suppressions ou extinctions et du fait que les grandes villes disposaient de plusieurs établissements, il évalue à 900 le nombre des collèges ayant fonctionné pendant une plus ou moins longue période (1).

Parmi les différents ordres religieux, les Jésuites ont exercé l'influence la plus considérable sur la jeunesse française. Ils géraient environ 120 collèges au moment où l'on s'apprêtait à les expulser. Ce nombre a sans doute été plus important au XVIIe siècle. Quant aux Oratoriens, ils possédaient, en 1792, 30 collèges dont certains avaient appartenu aux Jésuites. D'autres ordres religieux, notamment les Bénédictins, ont aussi dirigé des établissements florissants, comme l'Ecole de Sorèze, qui mériteraient d'être étudiés. Nous nous en tiendrons cependant à la situation

(1) La plupart des collèges des villes sont édifiés entre 1550 et 1670, grâce à la conjonction des efforts déployés par les notables, les évêques et l'Etat. Ce réseau, confié surtout aux congrégations enseignantes, s'étoffe, jusqu'à la fin de l'Ancien Régime, avec la création d'établissements plus modestes, gérés par des particuliers (M. M. COMPÈRE, D. JULIA, Les collèges français, XVIe-XVIIIe siècle, Répertoire I, France du Midi, Paris, I.N.R.P.-C.N.R.S., 1984).

pédagogique des collèges tenus respectivement par les facultés des arts, les Jésuites et les Oratoriens.

1. Les collèges des facultés des arts. — Les facultés des arts organisent leurs enseignements dans deux types d'établissements : les collèges de plein exercice, qui assurent des études complètes, et les petits collèges où l'on ne trouve qu'un nombre limité de classes élémentaires. Paris compte dix collèges de plein exercice au XVIIIᵉ siècle. Le cycle régulier commence, en principe, à l'âge de 9 ans et dure 5 ou 6 ans. Il comporte 3 degrés :

a) Quatre classes de grammaire, de la 6ᵉ à la 3ᵉ, où l'on enseigne la lecture, l'écriture, le calcul, l'orthographe, la grammaire latine, l'histoire ancienne ;
b) Une classe d'humanités, la 2ᵉ, où les élèves étudient les auteurs anciens et s'exercent à la composition ;
c) Une classe do rhétorique, la 1ʳᵉ.

Ce cycle normal est complété par deux ou trois années de philosophie au cours desquelles les élèves préparent le baccalauréat en recevant une formation logique, morale, physique et métaphysique. Ils se présentent à l'examen de licence peu après avoir obtenu le grade de bachelier.

On a beaucoup parlé de la rigueur des horaires et de la sévérité de la discipline dans les collèges de l'Ancien Régime. En vérité, les châtiments corporels, couramment pratiqués au XVIᵉ siècle, sont progressivement abandonnés. On fait de plus en plus appel au sens de l'honneur, en ayant recours aux louanges ou aux blâmes publics, à la distribution de lauriers et à l'emploi d'écriteaux infamants.

L'esprit et les méthodes de l'enseignement secondaire sont codifiés par Charles Rollin (1661-1741) recteur de l'Université de Paris, évincé en 1720 par une cabale anti-janséniste. Dans son *Traité des études* (1726), Rollin demeure fidèle aux statuts de 1598, lorsqu'il souligne, d'une part, la nécessité d'une éducation morale et religieuse, d'autre part, le rôle de l'enseignement littéraire dans la formation du goût comme dans le développement des qualités intellectuelles et sociales. Tout en continuant à réserver une place prépondérante au latin, Rollin insiste sur l'importance du français et sur l'intérêt de l'histoire et de la philosophie. De plus, il préconise l'institution d'une discipline libérale et d'une collaboration étroite entre l'école et la famille.

La volonté d'innover équilibre ainsi le souci de respecter la tradition. Ces deux tendances coexistent dans les collèges tenus par les Jésuites et les Oratoriens avec, toutefois, une orientation plus classique chez les premiers et plus moderne chez les seconds.

2. **Les collèges des congrégations.** — Trois raisons paraissent rendre compte du succès des collèges de Jésuites sous l'Ancien Régime : la décadence des universités, la gratuité de l'externat — celle-ci n'intervient qu'en 1719 dans les collèges universitaires — et l'adaptation de l'enseignement aux goûts de l'époque.

Si l'Université conserve jusqu'à la Révolution le droit exclusif de conférer les grades, les Jésuites délivrent cependant un titre particulier, *la lettre testimoniale*, qui jouit d'un plus grand prestige que celui de bachelier ou de licencié ès arts. L'organisation des études, prévue dans la *Ratio studiorum* (1586), a pour but d'assurer la formation morale, religieuse et littéraire de l' « honnête homme ». La méthode dogmatique, autoritaire, s'impose dans le domaine de l'éducation morale, religieuse, philosophique et historique. En ce qui concerne la formation littéraire, les Jésuites consacrent l'essentiel de leurs efforts au latin dont l'étude représente, à la fois, une gymnastique de l'esprit, un moyen d'accéder à la connaissance des auteurs anciens et, secondairement, l'apprentissage d'une langue internationale. Tous les cours sont donc dispensés en latin, tandis que l'enseignement du français est pratiquement exclu des programmes. Mieux encore, les conversations en français sont interdites car le milieu scolaire doit, dans une certaine mesure, échapper aux influences du monde extérieur.

Pourtant, les Jésuites se préoccupent de préparer l'adaptation de leurs élèves à certaines des exigences du siècle. L'étude de la littérature antique et de la rhétorique a, entre autres, pour but, de former des esprits fins et brillants, capables d'évoquer avec aisance les modèles consacrés ou de broder sur n'importe quel thème les divers ornements de la parole. Les représentations théâtrales et les exercices littéraires, qui tiennent une grande place dans les loisirs des collégiens, visent un objectif semblable, puisqu'ils libèrent l'enfant de sa timidité et lui enseignent l'art de se présenter et de tenir son rôle dans la société.

Ces différentes caractéristiques de l'enseignement secondaire se retrouvent, avec une orientation moderne assez nettement affirmée, dans les collèges tenus par les Oratoriens. La discipline est plus libérale que chez les Jésuites et l'éducation morale repose souvent sur un dialogue entre maîtres et élèves. Alors que l'Université et les Jésuites considèrent le latin comme une langue vivante, les Oratoriens l'étudient en tant que langue morte et accordent, de ce fait, une plus grande importance à la version qu'au thème. Les commentaires d'un texte et les explications grammaticales sont données en français. La langue maternelle fait d'ailleurs l'objet d'un enseignement systématique. A cet égard, les Oratoriens n'envisagent pas seulement la portée pratique du français. Ils ont aussi en vue le service de l'Église et la formation de certaines qualités comme l'ordre, la clarté et la méthode. Ils attachent par ailleurs une grande importance à l'étude de l'histoire, de la géographie, des mathématiques et des sciences.

Ces préoccupations réalistes se développent en France tout au long du XVIIIe siècle, avec cependant une moins grande ampleur que dans les pays protestants où s'édifient des établissements d'un type nouveau, les *realschulen*.

Une enquête effectuée par le Parlement de Paris après l'expulsion des Jésuites révèle, d'une part, l'existence d'un enseignement du français, sanctionné par un prix, dans la plupart des collèges de plein exercice, d'autre part, l'entrée de l'histoire, de la géographie, des langues vivantes et des sciences dans bon nombre d'établissements. La création des écoles militaires provinciales (1776) inaugure l'abandon de l'enseignement du latin. Cette transformation des programmes s'accompagne d'une certaine forme de démocratisation dans le recrutement des collèges.

IV. — L'instruction du peuple et la situation des petites écoles

En fait, l'idée de démocratiser le système scolaire donne lieu, parmi les philosophes, à des prises de position souvent ambiguës. Le refus, plus ou moins explicite, d'accorder au peuple le droit à l'instruction est justifié de diverses manières. Pour Rousseau, « le pauvre n'a pas besoin d'éducation ; celle de son état est forcée, il n'en saurait avoir d'autre ». Voltaire (1694-1778) considère également que « ce n'est pas le manœuvre qu'il faut instruire, c'est le bon bourgeois, l'habitant des villes ». Ce que l'on redoute surtout, dans la généralisation de l'instruction, ce sont les velléités de désertion ou de promotion qui pourraient germer dans l'esprit des travailleurs manuels. Sans doute, Diderot (1713-1784) affirme-t-il qu' « un paysan qui sait lire et écrire est plus malaisé à opprimer qu'un autre » et s'efforce-t-il d'apaiser les inquiétudes de ses contemporains en déclarant que « c'est au législateur de faire en sorte que la profession soit assez tranquille et estimée pour n'être pas abandonnée ». Mais Montesquieu (1689-1755) exprime bien

41

l'opinion la plus répandue lorsqu'il écrit : « Il faut que le petit peuple soit éclairé... et contenu par la gravité de certains personnages. » De leur côté, les administrateurs ou les hommes politiques, comme Turgot (1721-1781) et Rolland d'Erceville (1734-1794), voient, dans l'institution d'un enseignement élémentaire de masse, un moyen propre à maintenir l'ordre social et à accroître la productivité du travail.

Les petites écoles et les collèges ne représentent pas, sous l'Ancien Régime, les étapes successives d'une même progression scolaire. Les deux types d'établissements constituent des milieux nettement séparés, s'adressent à des populations distinctes et poursuivent des objectifs différents. Le collégien apprend à lire, à écrire et à compter, non dans une petite école, mais, le plus souvent, dans la classe de 6e. Quant à l'élève des petites écoles il a peu de chances d'accéder à l'enseignement secondaire.

Il existait bien, au Moyen Age, des écoles ecclésiastiques qui dispensaient gratuitement un enseignement élémentaire dans les villes et les campagnes. Mais ces écoles ne connaissent un véritable essor que sous l'influence de la Réforme et de la Contre-Réforme.

On possède, sur ces établissements, beaucoup moins de données quantitatives que sur les collèges. Une enquête, organisée à la fin du siècle dernier par le recteur L. Maggiolo, fournit quelques éléments indirects d'appréciation sur les progrès de l'instruction sous l'Ancien Régime. Ainsi, la proportion des signatures dans les actes de mariage passe, pour un échantillon largement représentatif de la population française, de 21 % en 1686 à 37 % en 1786. Il va sans dire que ces pourcentages varient sensiblement selon le sexe et la région. On dispose d'évaluations plus précises concernant, d'une part, les écoles tenues par les congrégations et, d'autre part, les établissements parisiens. On sait, par exemple, que l'Institut fondé par J.-B. de La Salle compte, à la veille de la Révolution, 760 religieux qui assurent, dans 114 maisons, la formation primaire et, dans certains cas, secondaire ou technique de plus de 30 000 élèves (1).

(1) Les monographies régionales et locales fournissent d'intéressantes précisions sur le fonctionnement des petites écoles, mais ne

Contrairement à ce qui a été observé dans l'enseignement secondaire, les petites écoles sont loin de constituer un ensemble relativement homogène quant à l'organisation et à la durée des études, aux méthodes pédagogiques, aux programmes ou au mode de formation et de recrutement des maîtres. La prépondérance de l'enseignement religieux et le contrôle constamment exercé par l'Eglise représentent le seul facteur d'unité. Considérons, par exemple, la question des méthodes. Dans la plupart des écoles, les régents pratiquent une méthode *individuelle* dont l'emploi est légitimé par le rassemblement d'élèves d'âges différents, l'irrégularité de la fréquentation scolaire et la rareté des manuels. Les frères des écoles chrétiennes adoptent la méthode *simultanée* qui consiste à dispenser le même enseignement à des groupes homogènes d'élèves. Dans quelques écoles, on utilise la méthode *mutuelle* ou monitoriale qui connaîtra un grand succès au début du XIXe siècle.

La même diversité caractérise le domaine de la formation des régents. Tandis que les maîtres ecclésiastiques reçoivent une initiation pédagogique dans les noviciats des congrégations, les laïcs se bornent généralement à effectuer un stage pratique auprès des régents qui les ont formés. Au XVIIe siècle, Ch. Demia et J.-B. de La Salle admettent quelques laïcs dans leurs *séminaires de maîtres d'école*, première ébauche des écoles normales qui, durant la seconde moitié du XVIIIe siècle, apparaîtront dans l'Allemagne protestante.

Les modalités du recrutement des maîtres attestent la persistance du monopole exercé par l'Eglise sur les questions

peuvent répondre que partiellement aux questions relatives au nombre d'établissements, à la durée des études et aux effectifs scolarisés (B. GROSPERRIN, *Les petites écoles sous l'Ancien Régime*, Ouest-France, Université de Rennes, 1984).

d'enseignement. Des foires spéciales assurent, à l'automne, ce recrutement. Les candidats à un poste de régent subissent un concours, la *dispute des écoles*, arbitré par un jury composé de notables et de membres du clergé. Le lauréat conclut un contrat avec la communauté qui l'emploie et sollicite de l'évêque une *lettre de régence*. Celle-ci est délivrée après examen des connaissances religieuses et enquête sur les mœurs du candidat. En ville, le maître vit uniquement du produit de la rétribution scolaire, mais, à la campagne, il se voit obligé de cumuler plusieurs activités rémunérées. Il participe aux travaux des champs, pratique un métier d'appoint — celui de barbier ou d'écrivain public, par exemple — et seconde le curé de la paroisse en exerçant, selon le cas, les fonctions de chantre, de sacristain ou de fossoyeur.

L'instruction des filles est, d'une façon générale, plus négligée que celle des garçons. Selon les résultats de l'enquête de L. Maggiolo, les signatures des épouses sont deux fois moins nombreuses que celles des époux dans les actes de mariage. Le principe de l'éducation mixte étant rejeté, les garçons sont seuls scolarisés dans les localités qui ne peuvent entretenir qu'une école.

Les jeunes filles de bonne famille reçoivent une formation de niveau primaire ou secondaire dans les couvents et les congrégations féminines, comme celle des Ursulines. Il existe, en outre, pour la noblesse pauvre, un pensionnat prestigieux, la Maison de Saint-Cyr, fondé en 1686 par Mme de Maintenon.

L'enseignement donné dans les petites écoles n'est sanctionné par aucun diplôme et ne débouche sur aucune perspective scolaire ou professionnelle. Il convient de rappeler que la création de ces écoles a surtout répondu aux nécessités du prosélytisme religieux. L'enquête de L. Maggiolo révèle, à ce propos, l'existence d'une proportion relativement élevée de signatures aux confins des zones respectivement influencées par les catholiques et les protestants. Les objectifs de l'enseignement élémentaire tendent cependant à se laïciser et, au cours du XVIIIᵉ siècle, plus particulièrement après 1750, quelques moyens de formation technique s'offrent, dans les villes, aux anciens élèves des petites écoles.

V. — Les moyens de formation technique élémentaire

Sous l'Ancien Régime l'initiation professionnelle est généralement organisée au sein des corporations ou des mouvements compagnonniques, sous la forme d'un apprentissage direct, *sur le tas*. Au terme de cet apprentissage, le jeune homme connaît tous les aspects d'un métier et peut accéder à la maîtrise après avoir fait ses preuves en tant que compagnon. L'accroissement des exigences intellectuelles de bon nombre de professions conduit l'Etat, des corps savants, ou certaines congrégations enseignantes à réaliser, dans un cadre scolaire, une partie au moins de l'initiation professionnelle des apprentis. Les écoles de dessin représentent, à cet égard, une forme typique de l'enseignement technique sous les règnes de Louis XV et de Louis XVI. Le mouvement de création de ces écoles rejoint les efforts déployés par les encyclopédistes pour rationaliser et diffuser les connaissances techniques.

A la veille de la Révolution, on dénombre 27 écoles de dessin en France. Ces institutions se présentent sous la forme, soit d'établissements autonomes, soit de cours organisés par un collège ou une académie provinciale. L'Ecole royale gratuite de Dessin, fondée à Paris en 1766, reçoit, par groupes successifs, 1 500 élèves qui exercent ou envisagent d'exercer un métier artisanal. Aussi l'enseignement qu'on y donne a-t-il autant pour objet le dessin d'art que le dessin proprement technique. Les fonctions d'un tel enseignement sont nettement distinguées : formation du goût, développement des capacités créatrices, amélioration des communications entre cadres et exécutants.

Certains établissements tenus par les frères des écoles chrétiennes ont une vocation professionnelle. C'est le cas de l'école de dessin ouverte à Saint-Sulpice en 1753 ou des cours de navigation et de comptabilité, institués dans les villes maritimes. Le mouvement piétiste, fondateur des *realschulen* d'Allemagne, est représenté en France par le pasteur J.-F. Oberlin (1740-1826) qui organise au Ban de La Roche, dans les Vosges, un cycle d'études comportant, entre autres, une initiation agricole.

Pour clore ce rapide inventaire des moyens de formation professionnelle, il conviendrait de parler des écoles de fabrique, comme celle créée par Buffon à Montbard, en 1769. Il faudrait également évoquer, à propos de l'origine des premières écoles d'arts et métiers, la situation de deux établissements qui fusionneront sous la Révolution : l'Ecole des Orphelins militaires, fondée au début du règne de Louis XVI par le chevalier Pawlet, et l'Ecole des Enfants de l'Armée, ouverte en 1786 par le duc de La Rochefoucauld-Liancourt.

Le développement des moyens de l'enseignement technique élémentaire exprime, à la fois, les progrès d'une pédagogie concrète, attentive au présent, et la tendance à scolariser les couches sociales les moins favorisées. Ce double courant se retrouvera dans les projets et les réalisations de la période révolutionnaire. Il s'accompagnera d'un mouvement de sécularisation qui aboutira à la constitution du monopole napoléonien.

Chapitre IV

LA SÉCULARISATION DE L'ENSEIGNEMENT
ET LA CONSTITUTION
DU MONOPOLE NAPOLÉONIEN
(1789-1815)

Il est fréquent de se référer aux cahiers de doléances des États généraux pour avoir une idée des différents problèmes qui se posaient aux Français à la veille de la Révolution.

Si les questions d'enseignement sont abordées dans certains cahiers, on les subordonne le plus souvent aux changements politiques, économiques ou sociaux souhaités. Dans l'ensemble, on envisage moins une transformation profonde de l'organisation scolaire qu'un aménagement de ce qui existait sous l'Ancien Régime. Bien entendu, les représentants des trois ordres expriment fréquemment des vœux divergents. Tandis que le clergé réclame la confirmation, voire le renforcement de ses prérogatives, les autres ordres préconisent la participation des autorités civiles à la direction et au contrôle des institutions scolaires. Le tiers état souhaite cependant que l'Église prenne en charge la totalité des dépenses d'enseignement. Les principes de l'obligation et de la gratuité sont envisagés plus ou moins explicitement dans quelques cahiers. Mais la volonté de généraliser l'instruction populaire se heurte parfois à des objections d'ordre social.

Selon les rédacteurs de l'un des cahiers du tiers état de Paris, il conviendrait de « diminuer cette quantité d'écoles gratuites de dessin et autres, de bourses dans les collèges, ce qui dépeuple journellement les campagnes et les ateliers, bien plus utiles à la société que cette foule de barbouilleurs, d'abbés, de clercs, de commis sans place, d'écrivassiers qui, n'ayant pour tout bien que leur plume ou leur pinceau, traînent partout leur indigence et leur ignorance orgueilleuse ». De vives critiques sont formulées, par ailleurs, à l'égard des universités et de leurs membres.

En ce qui concerne le contenu de l'enseignement, on trouve de nombreux vœux relatifs à la modification, dans un sens plus réaliste, plus pratique, des programmes primaires ou secondaires. On décèle également un courant favorable au développement de la formation professionnelle, à la création d'écoles de sages-femmes, de cours d'hydrographie ou d'établissements d'instruction militaire.

Quelle que soit l'importance numérique ou l'originalité des vœux exprimés, il serait hasardeux d'y voir une préfiguration de l'œuvre révolutionnaire.

On doit préciser, à ce propos, que la période de dix ans (1789-1799) qui s'écoule entre la réunion des Etats généraux et l'instauration de la dictature napoléonienne, est loin de former un tout homogène. A la prérévolution nobiliaire, succède la révolution bourgeoise ou juridique (1789-1791), caractérisée par la lutte contre le despotisme. Le 10 août 1792 marque, avec la chute du roi, le triomphe des Jacobins sur l'aristocratie ancienne et nouvelle. A partir de juin 1793, les Montagnards s'attaquent à toutes les aristocraties et à la ploutocratie girondine. Enfin, la réaction thermidorienne qui suit la chute de Robespierre (27 juillet 1794), et le Directoire refont, en sens inverse, une partie du chemin parcouru depuis le 10 août, préparant ainsi l'avènement de Bonaparte (10 novembre 1799). Il va sans dire que ces changements politiques entraînent d'importantes fluctuations dans la rédaction des projets ou dans l'édification des institutions scolaires.

Au risque de procéder à une simplification excessive, on distinguera trois phases dans l'œuvre pédagogique accomplie par la Révolution et l'Empire :

1. La première phase, qui prend fin avec la chute de Robespierre, est caractérisée par la hardiesse des projets et la faiblesse des réalisations ;

2. La seconde phase, qui s'étend du 9 thermidor an II (27 juillet 1794) au coup d'Etat du 18 brumaire an VIII (9 novembre 1799), est marquée, au contraire, par le recul des idées et l'ampleur des réalisations ;

3. La troisième phase, qui s'achève en 1815, est celle de la constitution du monopole napoléonien.

Avant d'aborder les aspects constructifs de ces trois phases, il convient d'évoquer les différentes mesures qui ont conduit à l'abolition du monopole scolaire exercé par le clergé.

I. — L'abolition du monopole scolaire de l'Église

La volonté de réprimer les abus ou de détruire les privilèges de l'Ancien Régime fait souvent obstacle à la réalisation des projets de réforme approuvés par les assemblées révolutionnaires.

La constitution du 3 septembre 1791 proclame bien qu'« il sera créé une instruction publique, commune à tous les citoyens, gratuite à l'égard des parties. d'enseignement indispensables pour tous les hommes ». Mais certaines mesures politiques ou financières, prises par la Constituante à l'égard du clergé, privent les écoles de l'essentiel de leurs ressources. On pourrait faire une remarque du même ordre à propos de la suppression des corporations et de l'instauration du libéralisme économique (décret d'Allarde de mars 1791 et loi Le Chapelier de juin 1791) qui compromettront pour une longue période le développement des moyens de formation professionnelle.

Parmi les décisions défavorables à l'action scolaire de l'Eglise, on doit citer : les décrets de septembre et décembre 1789 qui transfèrent aux pouvoirs civils « la surveillance de l'éducation publique et de l'enseignement politique et moral » ; le décret du 2 novembre 1789 qui met à la disposition de la nation les biens du clergé, à l'exclusion toutefois des biens des établissements tenus par les corporations enseignantes ; le décret du 12 juillet 1790 qui crée la constitution civile du clergé et impose, de ce fait, le serment de fidélité aux ecclésiastiques.

Dans le climat de luttes passionnées de l'été 1792 (prise des Tuileries) et du printemps 1793 (contre-révolution vendéenne), l'Assemblée législative et la Convention girondine désorganisent l'enseignement secondaire en interdisant, par le décret du 18 août 1792, les congrégations religieuses et en ordonnant, par le décret du 8 mars 1793, la vente des biens des collèges. Durant l'été 1793, période marquée par les éphémères succès de l'agitation hébertiste, la Convention montagnarde poursuit cette politique de liquidation de l'ancienne organisation scolaire en supprimant les académies (8 août), les écoles militaires (9 septembre) et les universités, y compris les collèges des facultés des arts (15 septembre).

Le champ est désormais libre pour l'édification d'institutions nouvelles. En fait, les mesures qui viennent d'être évoquées ne sont jamais appliquées intégralement. Ainsi, avant de se séparer, la Constituante décrète le 26 septembre 1791 que « tous les établissements d'instruction et d'éducation existant à présent dans le royaume continueront d'exister sous le régime actuel et suivant les mêmes lois qui les régissent ». Par ailleurs, si les congrégations sont interdites, leurs membres ont toujours la possibilité d'exercer, à titre individuel, le métier d'enseignant. Mais la vie scolaire ne cesse d'être fortement perturbée, notamment durant les années qui précèdent la réaction thermidorienne. Il serait pourtant injuste de ne retenir que les aspects négatifs de cette période et d'oublier la hardiesse et la générosité de certains projets dont l'esprit animera les conquêtes scolaires du XIXe et du XXe siècle.

II. — Première phase :
hardiesse des projets, faiblesse des réalisations

L'intérêt pour les questions d'enseignement est attesté, au cours de cette période de cinq années (juillet 1789-juillet 1794), par la création du Comité d'Instruction publique de la Législative et de la Convention. « En comparant l'activité des douze comités de la Convention, écrit à ce propos C. Hippeau, il n'en est point qui approche plus du Comité de Salut public que le Comité d'Instruction publique. » D'une manière plus précise, l'année 1793 est « celle où dans son désir de régénérer par l'instruction et les lumières une nation qui voyait avec horreur se dresser les échafauds, la Convention travaillait avec une ardeur fébrile à la création des écoles de tous les degrés. Jamais l'enseignement ne fut l'objet d'un plus grand nombre de rapports, de décisions, de décrets qu'à cette époque ».

Faute de pouvoir analyser ici les nombreux textes élaborés par les législateurs ou des particuliers, on s'attachera surtout à trois grands projets, ceux de Talleyrand, de Condorcet et de Le Peletier, qui rendent assez fidèlement compte de l'évolution des idées révolutionnaires en matière d'éducation.

1. Le plan de Talleyrand. — Le rapport présenté par Talleyrand (1754-1838) le 10 septembre 1791, à le veille de la séparation de la Constituante, reprend certaines des vues exprimées par les Encyclopédistes. Le but de l'éducation est, en effet, d'apprendre à vivre heureux et utile. Aussi, l'instruction doit-elle développer, à la fois, les qualités physiques, intellectuelles et morales. Trois degrés sont prévus.

Le premier intéresse tous les individus. Le second est destiné à ceux « qui, n'étant appelés ni par goût, ni par besoin, à des occupations mécaniques ou aux fonctions de l'agriculture, aspirent à d'autres professions, ou cherchent uniquement à cultiver, à orner leur raison et à donner à leurs facultés un plus grand développement ». Le troisième degré concerne la formation des ministres du culte, des juristes, des médecins et des officiers. A ces trois degrés répondent respectivement les écoles de canton (établissements primaires), les écoles de district (anciens collèges) et les écoles départementales (anciennes facultés supérieures). L'édifice scolaire est coiffé par l'Institut national qui doit être « une sorte d'Encyclopédie toujours étudiante et toujours enseignante ».

L'administration de l'enseignement est confiée à une Commission générale de l'Instruction publique dont les membres sont nommés par le roi. La liberté d'ouvrir une école est reconnue à tous les citoyens. La gratuité est bien envisagée pour les écoles primaires, mais ni le principe de l'obligation scolaire, ni celui de la laïcité ne sont évoqués dans le plan. Le personnel enseignant est donc formé en partie d'ecclésiastiques. La religion figure, de toute façon, au programme des écoles.

En ce qui concerne l'éducation des filles, Talleyrand se soucie peu d'associer une formation générale à une initiation pratique. Il prévoit seulement un enseignement domestique ou, à défaut, l'apprentissage de certains métiers dans des couvents laïques.

Le projet de Talleyrand est abandonné par la Législative qui se penche sur le plan élaboré par Condorcet.

2. Le plan de Condorcet. — La phase girondine de la Révolution est, dans le domaine de l'enseignement, dominée par le plan que Condorcet (1741-1794) présente à l'Assemblée législative le 20 avril 1792.

Condorcet apparaît comme le représentant le plus direct de l'esprit encyclopédique au sein du mouvement révolutionnaire. L'éducation doit, selon lui, avoir une double fin : le développement des capacités individuelles et le perfectionnement de l'espèce humaine. Cinq catégories d'établissements sont prévues : écoles primaires, écoles secondaires, instituts, lycées, Société nationale des Sciences et des Arts. Dans les écoles primaires prédomine le souci de la formation civique et pratique. L'enseignement donné dans les écoles secondaires a un caractère nettement moderne : les mathématiques et les sciences y tiennent la première place. L'institut, ouvert dans chaque département, remplit une double fonction. Tout en assurant la formation ou le perfectionnement des maîtres des écoles primaires et secondaires, il dispense, à l'ensemble des élèves, un enseignement général à caractère préprofessionnel. La création de neuf lycées procède du souci de décentraliser l'enseignement supérieur. Ces établissements ont pour mission de former les savants, les professeurs et ceux « qui se destinent à des professions où l'on ne peut obtenir de grands succès que par une étude approfondie d'une ou plusieurs sciences ». Au sommet de l'édifice scolaire, la Société nationale des Sciences et des Arts est chargée de diriger les établissements scolaires, d'accroître le patrimoine culturel, d'encourager, d'appliquer et de diffuser les découvertes jugées utiles.

Condorcet ne retient pas plus que Talleyrand le principe de l'obligation scolaire. Il garantit comme lui la liberté d'ouvrir des établissements d'enseignement. Mais il étend la gratuité à tous les niveaux, institue la laïcité de l'école publique et proclame l'égalité des sexes et des âges devant l'instruction. Pour réaliser cette égalité des âges, il prévoit l'organisation de conférences hebdomadaires ou mensuelles à l'intention des travailleurs adultes. La création de ces cours de « promotion sociale » illustre une certaine conception des rapports entre la culture et le métier. Pour Condorcet, l'extension des moyens d'instruction doit permettre d'accroître la rentabilité du travail, de lutter contre les effets de la monotonie et d'enrichir les loisirs. L'idée de « continuer l'instruction pendant toute la durée de la vie » implique une réforme des méthodes pédagogiques. On doit apprendre à l'élève « l'art de s'instruire par soi-même, comme à chercher des mots dans un dictionnaire, à se servir de la table d'un livre », etc. Une analyse plus approfondie du plan permettrait d'apprécier l'originalité et l'actualité des diverses suggestions formulées par Condorcet.

Ce plan subira le même sort que le rapport de Talleyrand. Cependant, la plupart des projets présentés durant la phase girondine de la Convention s'en inspireront. Un siècle plus tard, il sera constamment présent à l'esprit des grands réformateurs de la IIIe République.

3. Le plan de M. Le Peletier de Saint-Fargeau. —
Après la chute du parti girondin et le triomphe des sans-culottes, l'acte constitutionnel du 24 juin 1793 stipule que « la société doit favoriser de tout son pouvoir les progrès de la raison publique et mettre l'instruction publique à la portée de tous les citoyens ».

C'est à la fraction modérée de la Convention, la Plaine, qu'il est tout d'abord demandé de concrétiser ces vues. Trois ecclésiastiques, Daunou (1761-1840), Lakanal (1762-1845) et Siéyès (1748-1836) présentent le 26 juin un plan d'organisation de l'enseignement. Tandis que les établissements secondaires et supérieurs, payants, sont abandonnés à « l'industrie particulière », les écoles primaires, gratuites, sont soumises à une Commission centrale de Contrôle. Le 3 juillet, la Convention écarte ce plan, soupçonné d'être favorable à l'esprit des anciennes corporations, et charge une commission de présenter un projet de décret.

Robespierre fait partie de cette commission. Il soutient la proposition de discuter le plan élaboré par Michel Le Peletier de Saint-Fargeau (1760-1793). En l'absence de l'auteur, assassiné pour avoir voté la mort du roi, Robespierre présente lui-même, le 13 juillet 1793, le projet à la Convention.

Si les degrés moyen et supérieur du plan Condorcet sont jugés acceptables, il n'en va pas de même pour l'enseignement primaire dont l'organisation ne peut satisfaire les tendances égalitaires de M. Le Peletier. Les enfants des campagnes demeurent, en effet, défavorisés par rapport à ceux des villes. Aussi, « depuis l'âge de 5 ans jusqu'à 12 ans pour les garçons et jusqu'à 11 ans pour les filles, tous les enfants sans distinction et sans exception seront-ils élevés en commun aux dépens de la République et [que] tous, sous la sainte loi de l'égalité, recevront les mêmes vêtements, même nourriture, même instruction, mêmes soins ». Dans les *maisons d'éducation nationale*, la formation de l'homme a pour base le travail manuel, « l'accoutumance au travail », la création de « ce goût, de ce besoin, de cette habitude de travail ». Des sanctions sociales — isolement, humiliation publique — sont prévues à l'égard des élèves dont le rendement n'atteindrait pas « la norme ». Après l'âge de 12 ans, les adolescents les plus doués gravissent par concours les différents degrés d'instruction : écoles secondaires, instituts, lycées. Quant à ceux qui se destinent aux professions manuelles « ce n'est plus dans les écoles qu'il faut les renfermer ; c'est dans les divers ateliers, c'est sur la surface des campagnes qu'il faut les répandre ». L'autorité parentale, sérieusement mise en cause par l'institution d'internats obligatoires, se trouve en partie restaurée par la création de conseils de pères de famille, chargés de la gestion et de la surveillance des maisons d'éducation nationale.

Si on le compare aux projets antérieurs, le plan Le Peletier se distingue surtout par l'importance des préoccupations égalitaires qui s'expriment dans l'institution de l'obligation scolaire et dans la priorité accordée au degré élémentaire de l'instruction publique. Comme on peut s'en douter, ce plan, dont on dénonce volontiers le caractère spartiate, ne manque pas de soulever de vives discussions au sein d'une assemblée minée par le déchaînement des passions. Ces discussions nous placent au cœur des contradictions que la pensée révolutionnaire ne parvient pas à surmonter : l'éducation peut-elle, à la fois, former des hommes libres et forger une âme nationale ?

Sensiblement amendé, le plan Le Peletier est voté le 13 août, mais le décret, pris le même jour, sera rapporté deux mois plus tard. Entre temps, la Convention doit se prononcer sur une pétition que lui adresse le département de Paris.

Le 15 septembre 1793, à un moment où la tendance hébertiste, favorable aux démonstrations de masse, enregistre quelques progrès, un projet d'organisation des degrés moyen et supérieur d'instruction est soumis à la Convention par « le département de Paris, les districts ruraux, la commune, les sections et les sociétés populaires réunies ». Les établissements proposés doivent assurer, pendant deux ans, une formation scientifique et technique portant sur trois ordres de disciplines : la géométrie descriptive, la physique et la chimie nécessaires à différents métiers, l'étude des machines. Le décret, pris au terme d'un court débat et applicable à partir du 1er novembre 1793, substitue les nouveaux établissements aux collèges de plein exercice et aux facultés supérieures. En fait, la mise en œuvre de cette décision est ajournée.

La discussion de projets moins audacieux, comme ceux de Romme et de Bouquier, donne lieu à l'élaboration d'une législation de compromis. Le décret du 19 décembre 1793 maintient à la fois le principe de l'obligation scolaire et celui de la liberté d'ouvrir des écoles. Les maîtres privés, comme leurs collègues du secteur public, sont rétribués par l'Etat. Ce décret est partiellement appliqué. Sur les 23 000 écoles prévues, on n'en dénombre que 7 000 environ.

4. **Les réalisations.** — La volonté constamment affirmée de *régénérer* l'homme et de développer les moyens d'instruction se heurte non seulement à des difficultés d'ordre économique ou financier, mais aussi à des obstacles idéologiques. La hantise de la restauration des corporations, sous la forme d'orga-

nismes de contrôle de l'instruction publique, et la crainte de l'affaiblissement de l'autorité paternelle contribuent à l'échec des plans présentés par Dau-nou-Lakanal-Siéyès et par Le Peletier.

Certaines des mesures constructives consistent en l'aménagement des établissements de l'Ancien Régime. C'est le cas du Jardin du Roi qui, transformé le 18 juin 1793 en Muséum d'Histoire naturelle, se consacre à l'enseignement des sciences. Les nécessités de la guerre et l'enthousiasme révolutionnaire conduisent à la création d'institutions d'un type nouveau. Ainsi, les *cours révolutionnaires pour les armes, les poudres et le salpêtre*, préfiguration des actuels moyens de « formation accélérée », permettent à un millier de citoyens, issus de toutes les régions, de suivre à Paris, en février 1794, un enseignement professionnel, théorique et pratique. A vrai dire, ces cours tiennent lieu à la fois de formation civique, technique et pédagogique. A la fin du stage, les élèves sont invités à diffuser, dans leur département d'origine, les connaissances qu'ils viennent d'acquérir. La réussite des cours révolutionnaires incite le législateur à généraliser la formule. Elle inspire la décision, prise le 1er juin 1794, d'organiser l'Ecole de Mars pour remplacer les écoles militaires de l'Ancien Régime. Elle se trouve aussi à l'origine de la création de l'Ecole normale qui n'ouvrira ses portes qu'après la chute de Robespierre.

D'autres initiatives, comme celles d'instituer une Ecole centrale des Travaux publics (Ecole polytechnique) et un Conservatoire des Arts et Métiers, attendront la phase thermidorienne de la Convention pour se concrétiser.

III. — Deuxième phase :
recul des idées, ampleur des réalisations

Au foisonnement des idées et à la prolifération des projets sans lendemain qui caractérisent la première phase, succède, pendant cinq ans (juillet 1794 - novembre 1799), une période de réalisations intéressant tous les degrés de l'enseignement.

Si l'on en excepte la liquidation de l'Ecole de Mars dont la tradition jacobine est redoutée, l'œuvre des Thermidoriens est essentiellement constructive. Le rétablissement partiel de la paix favorise l'élaboration et l'application d'une législation scolaire qui, si elle ne répond pas aux vues de Condorcet ou de Le Peletier, donne cependant lieu aux créations les plus importantes et les plus durables de la Révolution. Les hommes de la Plaine, Lakanal et Daunou, en sont les principaux artisans. La plupart des réalisations découlent des rapports préparés par Lakanal au cours de l'automne 1794. Un an plus tard, la loi du 25 octobre 1795, élaborée par Daunou après le vote de la Constitution de l'an III, intègre ces créations dans un ensemble cohérent. La politique scolaire du Directoire se ramènera, en gros, à l'application, dans des conditions difficiles, de la législation Lakanal-Daunou.

1. La législation Lakanal. — Après la chute de Robespierre, le nouveau Comité d'Instruction publique confie à Lakanal le soin de préparer un rapport, en vue de remplacer le décret du 19 décembre 1793. Ce rapport, sanctionné par le décret du 17 novembre 1794, maintient la liberté de l'enseignement et la gratuité, mais supprime l'obligation scolaire.

Le sort des établissements primaires est inséparable de celui des écoles normales. Dans un autre rapport présenté à la Convention le 23 octobre 1794, Lakanal reprend un projet montagnard du 20 mai 1794, relatif à la création, suivant le modèle fourni par les cours révolutionnaires, d'une école normale parisienne et d'écoles normales de district. L'établissement parisien qui prendra, au XIXe siècle, le nom d'Ecole normale supérieure, ouvre ses portes le 20 janvier 1795. D'éminents professeurs — Laplace, Monge, Berthollet, Bernardin de Saint-Pierre, Laharpe — participent à l'enseignement. Les cours se terminent quatre mois plus tard sans avoir donné satisfaction, leur niveau étant jugé trop élevé et la pédagogie n'y tenant aucune place. De toute façon, aucune tentative n'est faite pour ouvrir les écoles normales de district, qui doivent former les instituteurs.

Le projet du 16 décembre 1794, relatif à l'institution des écoles centrales, est suivi d'effets plus durables. Il s'agit, pour le législateur de l'an III, de créer un degré d'instruction situé au-dessus de l'enseignement primaire et englobant les niveaux secondaire et supérieur, théoriquement supprimés.

Les écoles centrales ne sont pas destinées à recevoir le tout-venant des enfants. « Il est bon, il est nécessaire, déclare Lakanal dans son rapport, que le plus grand nombre de jeunes citoyens, sans aspirer à une instruction plus étendue, se distribue, en quittant les écoles primaires, dans les champs, dans les ateliers, dans les magasins, sur vos navires, dans vos armées. » Le projet de Lakanal est converti en décret le 25 février 1795. Mais les écoles centrales ne fonctionneront qu'à partir de 1796.

Au moment où s'élabore la législation Lakanal, le chimiste Fourcroy (1755-1809) reprend un projet montagnard concernant la création d'une Ecole centrale des Travaux publics. Dans un rapport présenté à la Convention le 24 septembre 1794, il précise la double fonction de cette école : satisfaire aux besoins de la République et ranimer l'étude des sciences exactes. L'établissement ouvre ses portes en décembre 1794 et reçoit, en septembre 1795, le nom d'Ecole polytechnique. Celle-ci est chargée de dispenser une sorte d'enseignement propédeutique aux candidats qui envisagent d'entrer dans l'une des grandes écoles techniques — Génie, Ponts et

Chaussées, Mines, etc. — fondées à la fin de l'Ancien Régime.

Un autre projet montagnard est à l'origine du rapport de l'abbé H. Grégoire (1750-1831) sur la création d'un Conservatoire des Arts et Métiers. Cet établissement, fondé le 10 octobre 1794, se distingue de l'ensemble des autres écoles, à la fois par l'objet de son enseignement, les arts mécaniques, par sa méthode didactique, la démonstration, et par le caractère indéterminé du public auquel il s'adresse. Son statut pédagogique ne sera nettement défini que sous la Restauration. En attendant, aucune place ne lui est réservée dans la législation Daunou.

2. **La législation Daunou.** — La Constitution de l'an III, adoptée le 22 août 1795, comporte un titre, rédigé par Daunou, relatif à l'organisation de l'enseignement. Trois degrés sont prévus : les écoles primaires, les écoles supérieures aux écoles primaires (écoles centrales), l'Institut national. La loi du 3 brumaire an IV (25 octobre 1795), également préparée par Daunou, développe les dispositions constitutionnelles. Des écoles spéciales — anatomie, géométrie, mécanique, médecine, etc. — doivent prendre place dans l'organisation de l'enseignement public. Avec le rétablissement des ministères, un directeur de l'Instruction publique, subordonné au ministre de l'Intérieur, est placé à la tête des écoles.

Dans l'enseignement primaire, on observe un net recul par rapport au décret de novembre 1794. En effet, Daunou supprime non seulement l'obligation scolaire, mais aussi la gratuité. La liberté de l'enseignement est, par contre, maintenue.

Aux niveaux secondaire et supérieur, la loi du 3 brumaire stipule qu'il sera établi une école centrale dans chaque département, et que les élèves y seront répartis en trois sections. La première, accessible aux enfants de 12 ans, comporte l'enseignement du dessin, de l'histoire, des langues anciennes et vivantes. Dans la seconde, les élèves âgés d'au moins 14 ans peuvent suivre des cours de mathématiques, de physique et de chimie expérimentales. Enfin, à partir de 16 ans, les élèves de la troisième section reçoivent une formation en grammaire générale, en belles-lettres et en législation. Comme on le voit, le programme des écoles centrales exprime le succès de la tendance réaliste en éducation. On laisse aux professeurs le choix des méthodes et aux élèves la possibilité de suivre les cours qui leur plaisent, au rythme qui leur convient. Ce libéralisme parfois excessif attirera aux animateurs des écoles centrales les violentes critiques de tous ceux qui souhaitent le retour des collèges de l'Ancien Régime.

Parmi les autres réalisations des Thermidoriens, on doit citer la création de l'Ecole des Langues orientales, celle du Bureau des Longitudes, avec ses cours d'astronomie, et l'organisation des Ecoles de Santé de Paris, Montpellier et Strasbourg. On doit également signaler l'ouverture de l'Institut avec trois classes : sciences mathématiques et physiques, sciences morales et politiques, littérature et beaux-arts. C'est en 1805 que l'Institut s'installera définitivement au Palais des Quatre-Nations.

3. L'application de la législation Lakanal-Daunou sous le Directoire. — Dans ses grandes lignes, la législation Lakanal-Daunou reste en vigueur de 1795 à 1802. Au début, l'application de cette législation subit les fluctuations de la politique de « juste milieu » pratiquée par le Directoire.

Durant les deux années qui précèdent le coup d'Etat antiroyaliste de septembre 1797, les discussions sur les questions d'éducation se font rares. Dans l'enseignement primaire, le secteur privé recrute un plus grand nombre d'élèves que le secteur public. La plupart des écoles centrales ouvrent leurs portes : vers le milieu de l'année 1797, il en existe 100 dont 68 sont en pleine activité.

Au lendemain du coup d'Etat antiroyaliste, le souci de la

défense républicaine inspire certaines mesures qui tendent à rendre obligatoire l'enseignement public et à ruiner les écoles particulières. Mais, selon les résultats d'une enquête prescrite en 1801 par le ministre de l'Intérieur Chaptal (1756-1832), la situation de l'enseignement primaire est catastrophique. En ce qui concerne les écoles centrales, on déplore le trop large fossé qui sépare leur programme de celui des écoles primaires, on regrette l'insuffisance de l'éducation morale et religieuse, on condamne enfin les défauts d'organisation et la trop grande liberté dont jouissent les élèves. Ces établissements parviennent cependant à donner un enseignement moderne, utilitaire, en adaptant les cours de dessin, de mathématiques, de sciences ou de langues vivantes, aux particularités sociales et économiques de chaque département.

Cette réussite, au moins partielle, n'empêchera pas Bonaparte de supprimer, en 1802, les écoles centrales où paraît se réfugier la tradition révolutionnaire.

IV. — Troisième phase :
constitution du monopole napoléonien

« La Révolution est fixée aux principes qui l'ont commencée : elle est finie », proclament les consuls au lendemain du 18 brumaire. Les questions d'enseignement prennent alors une importance moindre qu'au cours des dix années qui viennent de s'écouler. Cependant, les efforts de sécularisation entrepris depuis 1789 se poursuivent et d'importantes mesures d'organisation aboutissent à la constitution d'un nouveau monopole qui place toutes les institutions scolaires sous l'autorité de Napoléon. On distinguera, parmi ces mesures, la loi du 11 floréal an X (1er mai 1802) consacrée surtout à l'enseignement secondaire, la loi du 10 mai 1806 et le décret du 17 mars 1808, relatifs à l'organisation de l'Université impériale et, en dernier lieu, le décret du 27 avril 1815 sur l'enseignement primaire.

1. Les lycées remplacent les écoles centrales. — La loi du 3 brumaire an IV continue à être appliquée pendant les trois premières années du Consulat. Des enquêtes révèlent alors l'état déplorable de l'enseignement, notamment au niveau primaire. Aussi le ministre de l'Intérieur Chaptal propose-t-il, en 1800, de reprendre les dispositions du décret Lakanal du 17 novembre 1794. Le Premier Consul ne juge pas à propos de donner suite à cette initiative. Après avoir, pour un temps, assuré la paix religieuse (Concordat du 15 juillet 1801) et extérieure (paix d'Amiens du 25 mars 1802), il charge Fourcroy, directeur général de l'Instruction publique, de présenter au Corps législatif un projet qui deviendra la loi du 1er mai 1802. Quatre types d'établissements y sont prévus : écoles primaires, écoles secondaires, *lycées* et écoles spéciales.

En ce qui concerne l'enseignement primaire, Fourcroy maintient les dispositions de la loi Daunou, notamment l'absence de gratuité et d'obligation. Les frères des écoles chrétiennes, dont les communautés viennent de se reconstituer, sont encouragés à prendre en charge une partie de cet enseignement. A la fin de l'Empire, 47 cités ou bourgs posséderont des écoles de frères. Paris en comptera 13.

La loi de 1802 substitue aux écoles centrales deux types d'établissements : les écoles secondaires ou collèges, tenus par les communes ou des particuliers ; les lycées, entretenus aux frais de l'Etat. L'enseignement du second degré se trouve désormais nettement différencié par rapport aux degrés primaire et supérieur. Les lycées, au nombre de 37 en 1808, reçoivent des enfants âgés d'au moins 9 ans, sachant lire et écrire. La plupart d'entre eux paient une rétribution scolaire. Des boursiers sont recrutés, soit parmi les fils de fonctionnaires ou de militaires, soit parmi les meilleurs élèves des écoles secondaires. Le latin demeure la base de l'enseignement, mais les mathématiques et les sciences sont moins négligées que dans les collèges de l'Ancien Régime. Après 5 ou 6 années d'études, les lycéens peuvent accéder aux écoles spéciales.

Fourcroy propose d'ouvrir les écoles spéciales suivantes : 10 écoles de droit, 3 de médecine, 4 d'histoire naturelle, de physique et de chimie, 2 d'arts mécaniques, 1 de mathématiques transcendantes, 1 de géographie, d'histoire et d'économie politique, 1 de dessin, et, enfin, une école spéciale militaire. Seules les écoles de droit et l'école militaire verront le jour. Cette dernière s'ouvrira à Fontainebleau en 1803 et se fixera à Saint-Cyr en 1808. D'autres établissements militaires, comme l'Ecole de Cavalerie de Saint-Germain et les Ecoles spéciales de Marine de Brest et de Toulon, seront créées en 1809 et en 1810.

Parmi les établissements fondés par la Convention, l'Ecole polytechnique se voit conférer un statut militaire. Quant au Conservatoire des Arts et Métiers, il se présente comme un moyen de perfectionnement, destiné aux anciens élèves de la nouvelle Ecole d'Arts et Métiers. Cette école, ouverte en 1803, résulte de la fusion de trois établissements dont deux ont été créés, comme on l'a déjà noté, sous l'Ancien Régime et le troisième sous la Révolution. Les élèves de ces établissements sont regroupés à Liancourt en 1795, puis mutés à Compiègne en 1800. C'est dans cette ville que Bonaparte institue la première Ecole d'Arts et Métiers. Celle-ci sera installée à Châlons en 1806. Une seconde école, ouverte à Beaupréau en 1804, sera, pour des raisons de sécurité, transférée à Angers pendant les Cent-Jours.

Sous le Consulat, un certain nombre de réformes administratives préparent la constitution d'un monopole étatique. Tandis que les préfets et les sous-préfets organisent et surveillent les écoles primaires, des inspecteurs généraux interviennent dans le choix des *proviseurs*, *censeurs* et *procureurs* (intendants) des lycées. Les importantes mesures de 1806 et de 1808 complèteront, en les renforçant, les structures de l'enseignement public.

2. L'organisation de l'Université impériale. —

Comparant la politique scolaire de l'Empire à celle de la Révolution, L. Liard déclarait : « La Révolution avait vu l'Etat enseignant, maître d'école ; Napoléon conçoit l'Etat doctrinaire, chef d'école ; la Révolution avait envisagé l'enseignement public comme un devoir de l'Etat envers les citoyens ; Napoléon voit avant tout l'intérêt de l'Etat et celui du souverain. »

Ce sont les difficultés d'application de la loi de mai 1802 qui paraissent expliquer l'institution de l'Université impériale. La loi du 10 mai 1806 stipule qu'« il sera formé, sous le nom d'Université impériale, un corps chargé exclusivement de l'enseignement et de l'éducation publics dans tout l'Empire». Le décret du 17 mars 1808, complété par celui du 15 novembre 1811, précise la nature des mesures d'organisation. L'Université réunit, sous l'autorité de l'empereur, tous les établissements scolaires et tous les enseignants, à l'exclusion des maîtres d'école auxquels on ne réserve aucune place dans la hiérarchie. L'établissement du monopole étatique de l'enseignement implique, d'une part, l'impossibilité d'ouvrir une école sans autorisation et, d'autre part, l'institution d'un contrôle commun aux établissements publics et privés. De plus, si les préceptes de la religion chrétienne restent à la base de l'éducation, celle-ci doit avoir notamment pour fin « la fidélité à l'empereur... et à la dynastie napoléonienne... ».

L'Université est dirigée par un *grand-maître*, nommé par l'empereur et subordonné au ministre de l'Intérieur. Fontanes (1757-1821) assume la charge de grand-maître jusqu'en 1815. A ce titre, il remplit les fonctions de recteur de l'Académie de Paris et préside le Conseil de l'Université, dont les attributions sont à la fois administratives, disciplinaires et pédagogiques. L'Université est divisée en autant d'académies qu'il existe de cours d'appel. Dans chaque académie, les établissements fonctionnent sous la direction d'un recteur, assisté des inspecteurs d'académie et des membres du conseil académique. Tous ces hauts fonctionnaires sont nommés par le grand-maître.

L'enseignement primaire public piétine en marge de l'Université. Les faveurs du pouvoir vont surtout aux frères des écoles chrétiennes. Le décret de 1808 prévoit cependant la création de classes normales d'instituteurs dans les lycées et collèges. En fait, une seule école normale est fondée à Strasbourg, en 1811, grâce aux efforts du préfet Lezay-Marnésia.

Les enfants du peuple, qu'ils aient ou non fréquenté l'école primaire, subissent, dans la vie professionnelle, de plus en plus durement les effets de l'abolition des corporations. Napoléon prend, à cet égard, certaines mesures de protection concernant l'apprentissage artisanal et le travail dans les mines. Mais il s'agit de dispositions qui échappent à la compétence de l'Université.

L'enseignement secondaire se présente comme un ensemble fortement structuré. Quatre types d'établissements coexistent :

a) Les lycées d'Etat où les études durent six ans : deux ans de grammaire, deux ans d'humanités, un an de rhétorique et un an de mathématiques spéciales ;

b) Les écoles secondaires ou collèges communaux qui dispensent un enseignement moins étendu que celui des lycées ;

c) Les institutions privées dont l'enseignement se limite aux quatre premières années du cycle secondaire ;

d) Les pensionnats privés qui ne comprennent que les classes de grammaire.

Pour pouvoir enseigner dans l'un de ces établissements, il est nécessaire de posséder un grade déterminé parmi ceux — baccalauréat, licence, doctorat — que continuent à conférer les facultés. Le décret de 1808 rétablit le corps d'agrégés, institué sous l'Ancien Régime, et l'Ecole normale, créée par la Convention. Les jeunes filles sont toujours exclues des établissements gérés par l'Etat. En 1812, on dénombre 36 lycées et 337 collèges qui comportent un effectif global de 44 000 élèves. Les institutions et les pensionnats, au nombre de 1 000, accueillent, pour leur part, 27 000 élèves.

L'enseignement supérieur est donné dans cinq ordres de facultés : théologie catholique et protestante, droit, médecine, lettres et sciences. Les Facultés des Lettres et des Sciences, nouvellement créées, possèdent, comme les anciennes Facultés des Arts, un statut particulier. Elles sont rattachées à des lycées et consacrent l'essentiel de leur activité à la collation des grades. En 1815, la France compte 9 Facultés de Théologie, 9 de Droit, 3 de Médecine, 22 de Lettres et 10 de Sciences.

3. Les débuts de l'enseignement mutuel. — Sous le Consulat et l'Empire, les manufacturiers et dirigeants de fabrique prennent progressivement conscience de la valeur économique et sociale de l'instruction populaire. Aussi, participent-ils en grand nombre aux activités de deux sociétés appelées à jouer un rôle important dans le développement de l'enseignement primaire : la *Société d'Encouragement pour l'Industrie nationale*, créée en 1801, et la *Société pour l'Instruction élémentaire*, émanation de la première, constituée à la fin des Cent-Jours.

Sous la première Restauration des Bourbons (mai 1814-mars 1815), un intense courant d'échanges s'établit entre la France et l'Angleterre dont l'industrie florissante dépasse nettement celle des autres pays. Les membres de la *Société d'Encouragement* prennent ainsi connaissance des conceptions pédagogiques de deux Anglais, Bell et Lancaster, pionniers de l'*enseignement mutuel*. Ils y adhèrent avec enthousiasme et, pendant les Cent-Jours, s'efforcent d'intéresser Lazare Carnot, ministre de l'Intérieur, à « des procédés propres à régénérer l'instruction primaire en France ». Carnot attire, à son tour, l'attention de Napoléon sur l'importance de l'enseignement mutuel « pour les intérêts de la civilisation, pour ceux des bonnes mœurs et de l'ordre public, pour ceux de la liberté, pour ceux enfin de l'industrie agricole et manufacturière ». Ces interventions ne sont pas vaines.

Par un décret du 27 avril 1815, l'empereur décide, entre autres, la formation d'une Commission compétente et l'ouverture à Paris d'une *école d'essai*. Cette Commission, dont les membres appartiennent pour la plupart à la *Société d'Encouragement*, devient le 17 juin, veille de Waterloo, la *Société pour l'Instruction élémentaire*. L'école d'essai fonctionnait déjà, au faubourg Saint-Marceau, sous la direction du pasteur Martin. La méthode d'enseignement mutuel y était pratiquée : répartition des recrues par niveaux, division des enfants en moniteurs et élèves, institution de règles d'avancement dans la hiérarchie scolaire, utilisation de certains procédés pédagogiques, comme le cercle de lecture, le contrôle collectif ou l'écriture sur le sable. Après Waterloo, un maître catholique remplace le pasteur Martin.

Sous la seconde Restauration, l'enseignement mutuel deviendra l'objet de controverses passionnées qui opposeront les partisans de l'Ancien Régime aux libéraux, plus ou moins attachés aux principes de la Révolution. Après la Révolution de 1830, la réforme du monopole étatique et la réalisation des idées de gratuité, d'obligation et de laïcité, constitueront le principal enjeu des grandes luttes scolaires du XIXe siècle.

Chapitre V

LES LUTTES SCOLAIRES
ET LES PROGRÈS
DE L'ÉDUCATION POPULAIRE
AU XIXᵉ SIÈCLE
(1815 - 1875)

« L'histoire scolaire du xixᵉ siècle, écrivait Durkheim, n'est pas très riche en nouveautés ; ce n'est qu'un lent et progressif réveil d'idées que le xviiiᵉ siècle connut déjà ; aussi ne sera-t-il pas nécessaire de nous y arrêter longuement. » Ce jugement sévère, qui concerne surtout l'évolution des doctrines pédagogiques, paraît négliger certains apports originaux comme, par exemple, celui des médecins éducateurs et celui des représentants de la pensée ouvrière et socialiste.

On doit, aux médecins éducateurs — Itard (1775-1838), Séguin (1812-1880) et, plus près de nous, Maria Montessori (1870-1952) et Decroly (1871-1932) — d'avoir, en mettant au point une pédagogie pour enfants déficients, préparé l'épanouissement, au début du xxᵉ siècle, des principaux mouvements d'éducation nouvelle. On doit aux représentants de la pensée ouvrière et socialiste, aux disciples de Saint-Simon (1760-1825), de Fourier (1772-1837), de Proudhon (1809-1865) et de Marx (1818-1883), d'avoir élaboré ou enrichi les notions d'éducation intégrale, de formation polytechnique et d'avoir, du même coup, préconisé une pédagogie libérale et le développement de certaines disciplines « mineures » comme les arts, la gymnastique et les travaux manuels.

Si l'on s'en tient au domaine institutionnel, à la législation scolaire et aux réalisations proprement dites, deux tendances principales confèrent une certaine unité à une période de 60 ans qui voit se succéder cinq régimes différents : la Restauration, la Monarchie de Juillet, la IIᵉ République, le Second Empire, et les débuts de la IIIᵉ République. Il s'agit, tout d'abord, de l'âpreté des luttes scolaires à la faveur desquelles le clergé, parfois soutenu par le parti libéral, s'efforce de démembrer le monopole universitaire ou de le détourner à son profit. En second lieu, les progrès de l'industrie ont pour effet de susciter un certain nombre de mesures favorables au développement de l'éducation populaire. Il devient de plus en plus important, pour la bourgeoisie industrielle, d'accroître les compétences techniques de certaines catégories d'ouvriers et d'inspirer le respect de l'ordre social à tous les travailleurs. Il est par ailleurs nécessaire d'occuper ou simplement de garder les jeunes enfants dont les mères sont employées dans les fabriques. Aussi, les mesures dont on rendra compte intéressent-elles non seulement les écoles primaires, la formation professionnelle et les cours d'adultes, mais aussi l'enseignement préscolaire. L'évolution de l'éducation populaire et des autres institutions scolaires reflète assez fidèlement les changements plus ou moins profonds qui affectent la vie politique du pays.

I. — La politique scolaire de 1815 à 1875

La Restauration conserve, dans ses grandes lignes, l'organisation impériale de l'enseignement.

L'autorité suprême de l'Université devient la *Commission d'Instruction publique* (1815-1820) puis le *Conseil royal de l'Instruction publique* (1820-1822). Le titre de grand-maître est rétabli en 1822 et conféré à l'évêque de Frayssinous qui devient, par l'ordonnance du 26 août 1824, *ministre des Affaires ecclésiastiques et de l'Instruction publique*. Cette fonction est dédoublée par l'ordonnance du 4 janvier 1828. Vatimesnil, successeur de Frayssinous, porte alors le titre de *ministre de*

l'Instruction publique et grand-maître de l'Université. L'enseignement public a, pour la première fois, un chef qui lui est propre.

Les quinze années de la Restauration sont domi-
nées, en matière de politique scolaire, par le conflit
qui oppose les libéraux aux partisans d'un retour
aux institutions de l'Ancien Régime. Après la Ter-
reur Blanche de 1815-1816, le gouvernement des
modérés, défenseurs de la Charte, soutient, avec
Decazes, les projets de la *Société pour l'Instruction
élémentaire* et favorise la multiplication des écoles
mutuelles. Certaines mesures, comme l'octroi d'une
subvention annuelle de 50 000 francs aux établissements élémentaires et l'exigence d'un brevet de
capacité, délivré par le recteur, pour l'exercice de
la fonction d'instituteur, contribuent efficacement
au développement de l'enseignement primaire.
D'autres mesures consolident les privilèges scolaires
du clergé. Tandis que les petits séminaires et les
écoles de frères ou de sœurs échappent plus ou moins
au monopole universitaire, les instituteurs publics
sont inspectés par les curés qui interviennent au
titre de surveillants spéciaux ou de membres des
comités cantonaux. Le gouvernement des Ultras
(1820-1828) renforce, avec Villèle, ces dernières dispositions en accordant ses faveurs aux congrégations enseignantes et en confiant aux évêques la
charge de nommer les instituteurs. Le retour des
modérés (1828-1829) entraîne, avec Martignac, une
reprise des progrès de l'enseignement mutuel et une
remise en question des positions récemment
conquises par l'Eglise. A la fin de la Restauration,
les représentants du parti libéral et les membres
du clergé réclament, pour des raisons différentes,
l'institution de la liberté de l'enseignement.

Il appartient à Guizot (1787-1874) de réaliser
partiellement ce vœu puisque la loi du 28 juin 1833
qui porte son nom établit, en faveur de ceux qui

possèdent les titres requis, la liberté d'ouvrir des écoles primaires. Tous les établissements, qu'ils soient publics ou privés, demeurent cependant sous le contrôle des comités communaux de surveillance et des comités d'arrondissement. L'enseignement élémentaire, appelé à moraliser le peuple, à favoriser l'essor économique et à consolider le nouvel ordre politique et social, repose sur l'action concertée de l'Eglise et de l'Etat. La loi Guizot impose aux collectivités l'obligation de fonder les trois types d'établissements suivants : une école primaire au moins dans chaque commune ; une école primaire supérieure (E.P.S.) dans chaque chef-lieu de département ou dans chaque ville de plus de 6 000 habitants ; une école normale dans chaque département.

Un corps d'inspecteurs primaires est créé en 1835. Les ministres Pelet et Salvandy complètent les dispositions de la loi Guizot en réglementant les salles d'asile (1837) et les cours d'adultes (1836), qui se sont multipliés depuis la fin de la Restauration, et en organisant, pour les filles, des écoles primaires dont la création demeure cependant facultative (1836). Précisons que l'enseignement élémentaire n'est ni laïque, ni gratuit pour la totalité des élèves, ni obligatoire. De plus, un fossé pratiquement infranchissable continue à séparer les écoles primaires des lycées, appelés *collèges royaux* de 1815 à 1848. Un rapprochement paraît cependant s'opérer entre les deux degrés grâce à la création des E.P.S. et aux efforts déployés, à la fin de la Monarchie de Juillet, pour organiser, dans les collèges royaux, un enseignement spécial d'inspiration moderne. En fait, les divisions de l'organisation scolaire ne cessent de correspondre aux différents degrés de la hiérarchie sociale.

Œuvre de compromis, la législation scolaire de la Monarchie de Juillet ne satisfait entièrement, ni les aspirations des républicains, ni celles des catholiques. La Révolution de 1848 va assurer pour un temps le triomphe des conceptions républicaines en matière d'enseignement. Le projet de loi, présenté à l'Assemblée constituante par le saint-simonien Hippolyte Carnot (1801-1888) comble les lacunes de la loi Guizot concernant les principes de la gratuité, de l'obligation et de la laïcité. La Constitution du 4 novembre 1848 retient ces principes tout en maintenant la liberté de l'enseignement. Mais la bourgeoisie libérale, effrayée par les progrès des idées révolutionnaires — un groupe de maîtres fonde, en 1849, l'*Association fraternelle des Instituteurs, Institutrices et Professeurs socialistes* — se rapproche du clergé et fait voter deux lois d'esprit rétrograde, la loi Parieu du 11 janvier 1850 et la loi Falloux (1811-1886) du 15 mars 1850. La première a pour objet de châtier les instituteurs qui, suivant les directives de Carnot, se sont faits les propagandistes du régime républicain. La seconde institue la liberté de l'enseignement secondaire et annule certaines dispositions de la loi Guizot : les E.P.S. sont supprimées (1) tandis que les écoles normales se trouvent dessaisies partiellement de leurs fonctions. Elle prévoit cependant l'ouverture d'écoles d'adultes et d'apprentis. Elle astreint par ailleurs les communes de plus de 800 habitants à ouvrir une école de filles si les ressources locales sont jugées suffisantes. Les prérogatives scolaires de l'Eglise sont considérablement accrues.

« Je demande, déclare le voltairien Thiers, que l'action du curé soit forte, beaucoup plus forte qu'elle ne l'est, parce que je compte beaucoup sur lui pour propager cette bonne philosophie qui apprend à l'homme qu'il est ici pour souffrir. » En fait, des évêques font partie des conseils académiques et du Conseil supérieur de l'Instruction publique, qui vient d'être institué, tandis que les curés prennent part à l'inspection des écoles primaires. Les établissements libres du premier et du second degré peuvent être subventionnés par les communes, les départements ou l'Etat. Les circonscriptions académiques, au nombre de 87, sont réduites aux dimensions des départements.

Sous le Second Empire, l'évolution des mesures d'organisation scolaire exprime la libéralisation progressive du régime.

(1) La loi organique du 30 octobre 1886 souligne leur maintien.

Pendant la période autoritaire, le ministère Fortoul (1851-1856) applique une législation tracassière et répressive. Tous les fonctionnaires doivent jurer obéissance et fidélité à Napoléon III. Les professeurs, nommés et révoqués par l'empereur, se voient interdire le port de la barbe. Les instituteurs sont, de leur côté, placés sous l'autorité des préfets. Fortoul ramène à 16 le nombre des académies et réforme l'enseignement secondaire en instituant un palier d'orientation à la fin de la classe de quatrième : les élèves, répartis durant 3 ans en deux sections, littéraire et scientifique, se regroupent en classe terminale. Rouland, successeur de Fortoul, améliore, au cours de son ministère (1856-1863), la situation matérielle et morale des instituteurs, envisage d'organiser l'enseignement primaire féminin et prévoit l'établissement de sections industrielles et commerciales dans les écoles du second degré.

Mais c'est Victor Duruy (1811-1894), ministre de 1863 à 1869, qui parvient à créer, en 1865, un enseignement secondaire spécial à contenu moderne, réaliste. Deux ans plus tard, une formation assez semblable, ne comportant ni latin ni grec, est instituée au bénéfice des jeunes filles. Dans le domaine de l'éducation populaire, la loi du 10 avril 1867 encourage les cours d'adultes, organise l'enseignement primaire féminin et favorise la fréquentation scolaire grâce à la création des *caisses des écoles*.

Durant la courte existence de la Commune de Paris, une Commission d'organisation de l'enseignement comprenant, entre autres, J.-B. Clément, E. Vaillant et J. Vallès, entreprend la réalisation d'une *instruction intégrale* et le développement de la formation professionnelle.

Au début de la IIIe République, plus précisément pendant le gouvernement de l'Ordre moral, la loi du 12 juillet 1875 complète certaines dispositions fondamentales des lois Guizot et Falloux, puisqu'elle institue la liberté de l'enseignement supérieur. Aucun titre universitaire n'est, de ce fait, requis pour ouvrir un établissement supérieur, sauf lorsqu'il s'agit d'enseigner la médecine ou la pharmacie. La collation des grades aux étudiants des facultés libres est assurée soit par un jury des facultés d'Etat, soit par un jury mixte. La disposition relative au jury mixte sera annulée en 1880.

Durant les dernières années du Second Empire et la phase conservatrice de la IIIe République, la Ligue de l'Enseignement, fondée en 1866 par J. Macé (1815-1894) entretient un courant d'opinion favorable à la gratuité, à l'obligation et à la laïcité, préparant ainsi l'élaboration des grandes lois des années 1880. A certains égards, ces lois consacrent une évolution dont il convient de préciser, secteur par secteur, les caractéristiques essentielles.

II. — Des salles d'asile aux écoles maternelles

L'enseignement préscolaire a une double origine. Dès la fin du XVIIIe siècle, il se présente soit sous la forme d'une institution éducative, soit sous la forme de garderies, destinées à aider les mères occupées en grand nombre dans les fabriques. La première fonction est illustrée par les *écoles de commençants* ou *écoles à tricoter*, fondées dans les Vosges, en 1771, par le pasteur Oberlin. On la retrouve, vers le milieu du XIXe siècle, dans les jardins d'enfants de Frœbel (1782-1852). La seconde fonction est remplie par les refuges, puis par les crèches ou *salles d'hospitalité*, semblables à celle que la marquise de Pastoret ouvre en 1801.

Comme on l'a déjà noté pour l'enseignement mutuel, les réalisations anglaises exercent, au cours de la Restauration, une influence décisive sur le développement des *salles d'asile* en France. Les membres de la *Société pour l'Instruction élémentaire* font connaître, en particulier, la méthode pratiquée dans les *infant schools*, créées en 1817 par l'industriel philanthrope Robert Owen et l'ouvrier pédagogue Buchanan.

Au retour d'un voyage en Angleterre, le maire Denys Cochin (1789-1841) ouvre à Paris une salle d'asile (1828), un établissement modèle et un cours normal pour la formation des éducatrices (1831). Sous la Monarchie de Juillet, les salles d'asile se multiplient rapidement tout en précisant leur vocation pédagogique. A partir de 1836, elles passent de l'administration des hospices au ministère de l'Instruction publique. Une ordonnance de 1837 leur confère un statut officiel en les définissant comme « des établissements charitables où les enfants des deux sexes peuvent être admis pour recevoir les soins de surveillance maternelle et de première éducation que leur âge réclame ». En 1847, le ministre Salvandy crée l'école normale des salles d'asile et en confie la direction à Marie Pape-Carpantier (1815-1878). L'établissement préscolaire prend, en 1848, le nom d'*école maternelle*, titre qui sera abandonné en 1855 puis repris définitivement en 1881. De quelques unités, à la fin de la Restauration, le nombre des salles d'asile passe à 4 650, en 1880.

Cette évolution quantitative s'accompagne de changements sensibles dans le rôle assigné aux établissements préscolaires. Après avoir rempli une fonction d'œuvre charitable, ils devraient selon Cochin et, dans une certaine mesure, selon Marie Pape-Carpantier, constituer le premier degré d'un enseignement qui se poursuivrait, sans solution de continuité, dans les écoles primaires. Cochin préconise, par exemple, la création d'établissements à six divisions dont la première tiendrait lieu de crèche tandis que la dernière recevrait des adolescentes de 13 à 16 ans. L'inspectrice générale Pauline Kergomard (1838-1925) réagit contre cette tendance à intégrer les écoles maternelles dans le système scolaire. Elle déplore que l'éducation soit sacrifiée à l'instruction et consacre ses efforts à « supprimer tout ce qui pouvait subsister de livres dans les programmes précédents, car l'enfant ne vient pas à l'école maternelle pour apprendre, mais pour y suivre son développement naturel ». Le mouvement de différenciation amorcé par l'œuvre de Pauline Kergomard s'inscrit dans la rénovation pédagogique de la fin du XIXe et du début du XXe siècle.

III. — Les progrès de l'enseignement primaire

Au début de la Restauration, la *Société pour l'Instruction élémentaire* bénéficie de la politique libérale suivie par Decazes. Entre 1815 et 1820, plus de 1 000 écoles mutuelles s'édifient. Elles rassemblent 150 000 élèves alors que les frères des écoles chrétiennes n'instruisent que 50 000 enfants. Le nombre total des écoles élémentaires passe de 20 000 à 27 000 et celui des élèves de 860 000 à 1 120 000. Une classe normale d'enseignement mutuel est installée à Paris. La *Société pour l'Instruction élémentaire* dispose, à partir de juillet 1815, d'une revue pédagogique, le *Journal d'éducation* qui sert d'instrument de propagande et de lien entre les différentes écoles.

Dans un établissement type d'enseignement mutuel, 1 000 élèves sont rassemblés dans un vaste local de 500 mètres carrés. Les uns prennent place devant de longues tables au bout desquelles les moniteurs, munis de modèles d'écriture ou de tableaux de grammaire et de calcul avec questions et réponses, règlent dans les moindres détails, par coups de sifflet ou gestes conventionnels, les exercices scolaires ou les déplacements. D'autres élèves se groupent en demi-cercles autour des moniteurs de lecture. L'instituteur dirige l'ensemble des activités du haut de sa chaire. Les meilleurs élèves reçoivent, à titre de récompense, des billets d'un centime. Les fautes, sanctionnées par un tribunal d'enfants, sont rachetables au moyen de billets. Un tel système suscite les plus vives critiques de la part des conservateurs et des membres du clergé. Lamennais reproche à la méthode monitoriale d'avoir été inventée par les protestants et introduite en France pendant les Cent-Jours. Elle est, de plus, censée former des automates ou des militaires et, par la pratique du *self-government*, susceptible d'ébranler l'ordre social. A ces objections, les membres de la *Société pour l'Instruction élémentaire* répondent en invoquant l'exemple ou le témoignage d'ancêtres plus ou moins lointains : Rollin, Erasme, les Hébreux et les Egyptiens sont tour à tour mis à contribution.

A vrai dire, la querelle est avant tout d'ordre politique. Elle tourne, sous le gouvernement des Ultras, à l'avantage du clergé. La moitié des écoles mutuelles disparaissent entre 1820 et 1828. Sous le ministère Martignac, l'enseignement monitorial connaît un nouvel essor. Il s'éteindra progressivement, à partir du moment où la loi Guizot entrera en application, puis disparaîtra au seuil de la IIIe République.

On ne peut manquer d'établir un rapprochement entre les écoles mutuelles de la Restauration et les moyens mis aujourd'hui en œuvre dans les pays du *Tiers Monde* pour réaliser une scolarisation massive des enfants. Dans les deux cas, il s'agit de remédier à une situation de crise, résultant de la pénurie d'enseignants. Il reste, de ce qu'on pourrait appeler l'épopée des écoles mutuelles, outre certains procédés de contrôle collectif des connaissances, la préoccupation de répartir les élèves selon leur niveau et le souci d'évaluer l'efficacité des méthodes pédagogiques.

Quoi qu'il en soit, le bilan scolaire de la Restauration est loin d'être négligeable. En 1829, 31 000 écoles primaires accueillent 1 370 000 élèves. Les écoles normales, dont la création est prévue par le décret du 17 mars 1808, se multiplient à la fin de la Restauration et au début de la Monarchie de Juillet. Il en existe 13 en 1829 et 47 en 1832, peu avant le vote de la loi Guizot.

En dépit de multiples obstacles d'ordre matériel et idéologique, l'enseignement primaire se développe assez rapidement au cours de la Monarchie de Juillet. En 1848, 63 000 écoles primaires de toutes catégories — dont 19 000 établissements féminins — reçoivent en principe 3 500 000 élèves, dont 1 300 000 filles. Le nombre des soldats illettrés atteint cependant la proportion de 33 %. Une enquête organisée en 1863 révèle que près du quart des enfants d'âge scolaire ne fréquentent pas l'école. La loi du 10 avril 1867, avec l'institution des caisses des écoles, remédie en partie à cette situation. V. Duruy est secondé dans sa tâche difficile par O. Gréard (1828-1904), directeur de l'Instruction primaire de la Seine. Un souci de rénovation pédagogique se fait jour durant les dernières années de l'Empire.

Les écoles à plusieurs maîtres se multiplient afin d'adapter l'enseignement aux possibilités de chaque âge. La formation primaire est sanctionnée par l'examen du certificat d'études, prévu dans le statut de 1834. Un mouvement en faveur des bibliothèques populaires, qui a pris corps durant la Monarchie de Juillet, se développe rapidement sous l'influence de J. Macé et de la Société Franklin, fondée en 1862 pour stimuler les initiatives locales.

Après le départ de V. Duruy en 1869, divers projets, comme celui que présente J. Simon à l'Assemblée nationale en 1871, comportent des dispositions favorables à l'extension ou à la laïcisation de l'enseignement primaire. Mais la majorité conservatrice qui, jusqu'en 1876-1877 préside aux destinées de la IIIe République, en ajourne la discussion ou l'application.

Au moment où la République s'apprête à être gouvernée par des républicains, la France compte encore, selon les résultats de l'enquête Maggiolo, dont il a été question dans le chapitre III, 28 % d'adultes illettrés. Cette proportion s'élève à 22 % chez les hommes et à 34 % chez les femmes. Pourtant, les cours d'adultes se sont considérablement développés depuis la fin de la Restauration.

IV. — Naissance et développement des cours d'adultes

L'éducation des adultes, préconisée par Condorcet et réalisée par la Convention sous la forme particulière de *cours révolutionnaires*, bénéficie, à partir de 1815, de l'appui de la *Société pour l'Instruction élémentaire*. Sous l'influence de celle-ci, le préfet de la Seine annonce, en 1821, l'ouverture de deux écoles pour ouvriers adultes. En 1828, Paris compte 6 écoles avec un effectif global de 238 élèves. Ces nombres passent respectivement à 18 et 902 en 1833.

Les établissements, administrés par la ville de Paris, la *Société pour l'Instruction élémentaire* ou des organisations confessionnelles, dispensent, avec des cours de dessin, une instruction primaire, jugée utile à la rentabilité du travail et au maintien de la paix sociale.

De leur côté, les ouvriers fondent, pour échapper à la loi Le Chapelier, des sociétés de secours mutuel qui se chargent, entre autres, de l'initiation technique et juridique de leurs membres. Sous le gouvernement Villèle, on dénombre près de 200 sociétés de secours mutuel à Paris.

L'idéal de progrès, hérité du XVIIIe siècle et enrichi par les saint-simoniens, inspire la création de foyers d'éducation populaire. Parmi ces foyers, on peut citer l'Association polytechnique, fondée en 1830 par d'anciens polytechniciens, et l'Association philotechnique, organisée en 1848.

Grâce aux subventions accordées par les départements et les communes, les cours d'adultes prolifèrent sous la Monarchie de Juillet. Pour toute la France, leur nombre passe de 1 800 en 1837, à 6 800, avec 120 000 auditeurs, en 1848. Après une quinzaine d'années de stagnation, un nouveau progrès s'effectue sous l'impulsion de V. Duruy. En 1869, on compte 34 000 cours, dont 5 000 pour les femmes, avec 800 000 auditeurs, dont 100 000 femmes.

Tous ces cours sont destinés, en principe, à accroître les capacités professionnelles des travailleurs. Ils ne peuvent cependant compenser la grave insuffisance des moyens d'enseignement technique élémentaire.

V. — L'enseignement technique : priorité à la formation des cadres

Tout au long du XIXe siècle, le besoin de former des cadres domine les préoccupations relatives à l'enseignement technique. Pour satisfaire ce besoin, on ne se contente pas de fonder des écoles nouvelles, adaptées aux nécessités de l'époque. On réforme aussi les programmes et les méthodes des établissements anciens. On s'efforce par ailleurs d'organiser un enseignement secondaire spécial ou préprofessionnel. Précisons que toutes ces créations et réformes intéressent surtout les niveaux supérieur et moyen de l'enseignement technique.

Parmi les établissements du xviiie siècle, le Conservatoire des Arts et Métiers devient, en 1819, une « haute école d'application des connaissances scientifiques au commerce et à l'industrie ». L'enseignement, public et gratuit, est donné le soir après 19 heures et le dimanche. La chaire de « géométrie et de mécanique appliquées aux arts » attire des centaines d'auditeurs. Le titulaire de cette chaire, Ch. Dupin (1784-1873), anime au Conservatoire une sorte d'école normale technique Les élèves qu'il forme, recrutés en grand nombre parmi les anciens polytechniciens, organisent, en 1827, des cours de géométrie et de mécanique dans plus de cent localités. La même année, les Ecoles d'Arts et Métiers de Châlons et d'Angers, auxquelles s'ajoutera, en 1843, celle d'Aix, sont chargées « d'enseigner spécialement la théorie et la pratique nécessaires pour former des chefs d'atelier et de bons ouvriers ».

Les créations nouvelles, dont on se bornera à évoquer quelques exemples, procèdent le plus souvent d'initiatives privées. L'Ecole centrale des Arts et Manufactures, fondée en 1829 par des particuliers, constitue « une sorte d'Ecole polytechnique civile ». A un niveau plus modeste, l'Ecole La Martinière, qui doit son existence à la générosité d'un riche donateur, le major-général Martin, a pour mission, en 1826, de « fournir à l'industrie lyonnaise des cadres de sous-officiers avec lesquels elle peut hardiment marcher à la conquête de la plus haute postérité ». Pour atteindre cet objectif, le directeur de l'établissement préconise l'emploi de méthodes actives, l'installation d'atelier; au sein même de l'école et la remise aux élèves, avant les cours, du texte des leçons.

Une pédagogie active, comme la *pratique simulée*, est également utilisée à l'Ecole spéciale (supérieure) de Commerce de Paris, fondée en 1818 par des négociants.

L'initiation industrielle de niveau élémentaire est assurée, d'une manière sporadique, par certains chefs d'entreprise, par des sociétés philanthropiques, dans les communautés de frères et aussi dans les écoles mutuelles qui, pour l'enseignement du dessin ou de la couture, mettent au point des exercices progressifs. Il faudrait également signaler l'œuvre des saint-simoniens et, plus particulièrement, le rôle de pionnier joué par Elisa Lemonnier (1805-1865) dans le domaine de l'enseignement technique féminin.

Le législateur se préoccupe moins d'organiser la formation professionnelle que de limiter les abus dont souffrent les jeunes enfants employés en grand nombre dans les manufactures et les fabriques. Différentes enquêtes comme celles des Drs Guépin et Villermé attirent l'attention des Pouvoirs publics sur les conséquences de la dégradation des conditions de vie et de travail. La loi du 22 mars 1841 prescrit l'interdiction de l'embauche avant l'âge de 8 ans et la limitation de la journée de travail à 8 heures pour les enfants de 8 à 12 ans. Cette loi, dont le principe irrite les partisans du libéralisme intégral, comme V. Cousin et Gay-Lussac, est transgressée par bon nombre de patrons. Une nouvelle loi, celle du 22 février 1851, marque un retour à certaines formes d'apprentissage en vigueur sous l'Ancien Régime. Elle prévoit, en effet, outre la fixation à 12 ans de l'âge minimum du travail, la limitation du nombre d'apprentis par patron et l'établissement d'un contrat avec clauses relatives aux cours professionnels. Cette loi ne sera pas plus respectée que la précédente.

En matière d'agriculture, l'Etat se montre plus interventionniste que dans le domaine industriel ou commercial. La loi du 3 octobre 1848 sur l'enseignement agricole institue trois degrés auxquels répondent trois types d'établissements : les fermes-écoles, les écoles régionales et l'Institut national agronomique, installé à Versailles en 1850. Une autre loi, votée le 30 juillet 1875, complète cet ensemble par la création d'écoles pratiques d'agriculture.

VI. — L'organisation
d'un enseignement secondaire spécial

La suppression des écoles centrales, en 1802, ne met pas fin aux essais d'organisation d'un enseignement secondaire moderne ou spécial. En 1829, les collèges royaux (lycées de l'Empire) sont autorisés à créer des sections particulières où doivent être enseignées les langues vivantes et les sciences appliquées à l'industrie.

L'idée d'édifier une véritable culture sur ces disciplines scolaires s'exprime à différentes reprises sous la Monarchie de Juillet. En 1847-1848, un enseignement spécial, parallèle à l'enseignement classique, est organisé dans les collèges royaux et communaux, à partir de la classe de 4e. Outre les sciences et les langues vivantes, le programme comporte des éléments de comptabilité, de droit commercial et d'économie agricole. Comme ce fut le cas pour les E.P.S. de la loi Guizot, les classes secondaires spéciales, appelées « classes d'épiciers » ou « classes de paslatins », sont délaissées par les familles.

Au début du Second Empire, l'institution d'une bifurcation des études au niveau de la 3e paraît répondre au souci de conférer un égal prestige au baccalauréat ès sciences et au baccalauréat ès lettres. Mais elle doit aussi avoir pour effet de réduire l'importance des humanités auxquelles on reproche de former des esprits hostiles au pouvoir. De toute façon, l'initiative de Fortoul n'a pas plus de succès que les tentatives antérieures. Les classes scientifiques attirent surtout les mauvais élèves. Le nouveau système ménage pourtant la possibilité d'une orientation scolaire. « Notre devoir, déclare à ce propos le ministre, est d'observer nos élèves, de les diriger à leur insu, de pénétrer par une sorte de divination presque infaillible, qui est le caractère propre de l'expérience pédagogique, dans les ténèbres de leur avenir. » Après un nouvel essai infructueux de Rouland, le ministre V. Duruy met fin, en 1864, à la bifurcation des études et fait voter, le 26 juin 1865, une loi portant création d'un enseignement spécial, de courte durée, destiné à former les « sous-officiers de l'industrie ». A cet effet, on institue une agrégation spéciale et on établit une école normale spéciale à Cluny. Le premier lycée spécial est ouvert à Mont-de-Marsan, en 1866. A la fin du ministère Duruy, des cours secondaires spéciaux pour jeunes filles sont créés dans une quarantaine de villes. Durant la période conservatrice de la IIIe République, différentes mesures sont envisagées pour accroître la part des langues vivantes dans les programmes des lycées.

L'évolution de l'esprit et des méthodes de l'enseignement secondaire entraîne des changements sensibles dans la conception des épreuves du baccalauréat. Au début de la Restauration, l'examen revêt encore une forme exclusivement orale et porte sur la philosophie, la rhétorique et les humanités. En 1821, on y ajoute l'histoire, la géographie, les mathématiques et les sciences. Les épreuves écrites sont inaugurées en 1830 avec la composition de langue française. La division du baccalauréat en deux parties est instituée en 1874.

Sans être aussi importants que dans le premier degré, les progrès de l'enseignement secondaire sont cependant appréciables. Le nombre des lycées passe de 36 en 1812 à 46 (collèges royaux) en 1843 puis à 81 en 1868. Si le nombre des collèges communaux décroît (337 en 1812, 312 en 1843, 251 en 1868), l'effectif global de ces deux catégories d'établissements passe cependant de 44 000 à 71 000 élèves, entre la fin du Premier Empire et celle du Second Empire. Ajoutons que le quart des élèves qui fréquentent en 1868 les lycées et collèges est affecté dans des sections d'enseignement spécial.

Les professeurs de lycées ou collèges royaux sont formés à l'Ecole normale de la Convention. Supprimée en 1822 pour s'être rendue coupable d'enseigner une philosophie détachée de la religion, elle est rétablie en 1830 et devient, à partir de 1843, l'*Ecole normale supérieure*.

VII. — La fonction des établissements supérieurs : enseignement ou recherche ?

Dans le domaine de l'enseignement supérieur, les structures élaborées sous le Premier Empire subissent peu de changements. Si les professeurs sont souvent brimés par le pouvoir, il arrive aussi à certains d'entre eux, comme Guizot ou Duruy, d'assumer de grandes responsabilités politiques.

Comme sous l'Ancien Régime, les Facultés de Droit et de Médecine forment des professionnels sans participer au développement des disciplines enseignées. Les Facultés des Lettres et des Sciences limitent leurs activités à la transmission du savoir et à la collation des grades, le même professeur se chargeant de l'enseignement de plusieurs disciplines voisines. V. Duruy s'accommode de cette situation et distingue nettement le rôle des professeurs de celui des chercheurs. L'Ecole pratique des Hautes Etudes, créée en 1868, a pour charge de faire progresser les sciences.

En application de la loi de 1875 sur la liberté de l'enseignement supérieur, l'Eglise fonde à Paris, Angers, Lille, Lyon et Toulouse, des groupes plus ou moins complets de facultés. Les Facultés officielles de Théologie catholique disparaîtront en 1886. Celles de Théologie protestante deviendront libres en 1905.

En dehors des facultés, on peut citer, parmi les créations du XIXᵉ siècle, l'Ecole des Chartes, fondée en 1821, l'Ecole française d'Athènes, instituée en 1846, et l'Ecole d'administration, ouverte en 1848. Jugé trop révolutionnaire, ce dernier établissement est supprimé en 1849 puis reconstitué, en 1872, sous le nom d'Ecole libre des Sciences politiques.

Les différents types d'établissements, dont l'origine a été évoquée dans ce chapitre, sont loin d'épuiser l'apport du XIXᵉ siècle à l'édification du système français d'enseignement.

Ainsi, tandis que s'élaborent, dans différents pays d'Europe, les grandes conceptions de l'éducation physique, F. Amoros (1770-1848), disciple de Pestalozzi, met au point une méthode de gymnastique qui se veut, à la fois, rationnelle, attrayante, moralisatrice et utilitaire. Le gymnase civil normal qu'il dirige à partir de 1820 préfigure l'École normale de Gymnastique de Joinville, fondée en 1852. L'enseignement de la gymnastique est organisé en 1869 dans l'ensemble des établissements primaires et secondaires. Le XIXe siècle innove aussi dans le domaine de l'éducation des déficients. En 1842, E. Séguin dirige à Bicêtre la première école pour arriérés. L'œuvre sera poursuivie par Bourneville à partir de 1878.

Ces quelques exemples contribuent à faire justice de l'opinion courante selon laquelle le XIXe siècle ne présenterait aucune originalité pédagogique. En matière d'organisation scolaire, l'institution de la liberté d'enseigner à tous les degrés fonde l'actuelle coexistence d'un secteur public et d'un secteur privé. Mais les conflits qui se nouent autour de cette institution, notamment sous le régime de la loi Falloux, suscitent un mouvement anticlérical dont l'ampleur provoquera, au début du XXe siècle, l'interdiction des congrégations enseignantes.

Chapitre VI

VERS L'INTÉGRATION
DES INSTITUTIONS SCOLAIRES
ET UNIVERSITAIRES
(1875 - 1945)

Après le vote des lois constitutionnelles de 1875, consacrant la République comme forme définitive de gouvernement, les élections législatives de 1876-1877 et la démission de Mac-Mahon annoncent une nouvelle orientation de la politique française. Certains hommes d'Etat tirent les enseignements de la défaite de 1870 et ne manquent pas d'établir un rapport entre la supériorité technique de l'Allemagne et la qualité de ses institutions scolaires. Sur le plan économique, l'âpreté de la concurrence entre grandes puissances et la nécessité de conquérir de nouveaux marchés suscitent, dans différents secteurs de la vie nationale, des mesures d'organisation et d'intégration qui mettent souvent en cause le libéralisme instauré par la Révolution.

Cet esprit d'organisation et d'intégration marque, en particulier, la politique scolaire de la IIIe République. Les grandes lois Jules Ferry, instituant la gratuité, l'obligation et la laïcité de l'enseignement primaire, précipitent le rythme d'une évolution dont on a déjà précisé les principales manifestations.

L'organisation des premières formes d'enseignement technique puis, à partir de 1920, leur rattachement au ministère de l'Instruction publique, procèdent de préoccupations analogues. On peut faire la même remarque à propos des divers moyens éducatifs — établissements pour déficients, organismes de loisirs — conçus pour répondre aux exigences découlant des progrès de la scolarisation et, plus généralement, de la transformation des conditions de vie. Consacrant cette évolution, le ministère de l'Instruction publique prend, en 1932, le nom de *ministère de l'Education nationale.*

Les guerres de 1870, de 1914 et de 1939 jouent un rôle décisif dans la prise de conscience des nouveaux besoins culturels et dans l'élaboration des projets de réforme. C'est ainsi qu'au lendemain de la première guerre mondiale, les *Compagnons de l'Université nouvelle,* dont Henri Wallon (1879-1962) est l'un des principaux animateurs, militent en faveur de l'*Ecole unique,* de la suppression des barrières entre les différents ordres d'enseignement, impriment, de ce fait, une orientation nettement sociale au mouvement de rénovation pédagogique du début du XXe siècle.

A côté de l'influence directe des guerres, il convient de faire une place aux conséquences de certains événements de politique intérieure, comme le succès électoral du Front populaire, en 1936, et l'installation du gouvernement de Vichy, en 1940.

I. — Un enseignement primaire pour tous : gratuité, obligation, laïcité

Disciples des législateurs de la Révolution, Jules Ferry (1832-1893), Paul Bert (1833-1886) et leurs compagnons se proposent d'assurer l'avenir de la démocratie et de garantir la stabilité sociale en organisant un enseignement primaire gratuit, obligatoire et laïque. Une telle politique revêt une triple signification. Tout d'abord, on veut rompre définitivement, non seulement avec la tradition séculaire qui assimile les écoles élémentaires à des établissements de charité, mais aussi avec la conception, soutenue par certains philosophes du XVIIIe siècle, selon laquelle la généralisation de l'instruction serait un facteur de corruption et de désordre. En second lieu, l'enseignement primaire, loin de représenter une fin en soi, doit constituer la base d'un vaste édifice dont le plan Condorcet fournit le modèle. Le terme « primaire, mot heureux et expressif selon Ferdinand Buisson (1841-1932), indique, chose toute nouvelle, un enseignement se reliant aux autres, y conduisant normalement : le primaire n'est-il pas la préface naturelle du secondaire » ? Enfin, de l'étroite solidarité qu'on se propose d'établir entre les différents degrés de l'enseignement, découle le souci de consacrer le maximum d'efforts à l'organisation de la formation élémentaire.

L'expression de ces vues audacieuses suscite les plus violentes réactions de la part des conservateurs, et leur application nécessite l'établissement de compromis avec les forces de la tradition. De toute façon, les législateurs de la IIIe République, comme ceux de la IVe et de la Ve, maintiennent la liberté de l'enseignement ou, si l'on préfère, la coexistence d'un secteur public et d'un secteur privé, à tous les niveaux de la vie scolaire. Les grandes lois scolaires des années 1880 constituent un ensemble cohérent. En effet, l'obligation implique la gratuité et se conçoit mal sans la laïcisation des programmes et du personnel enseignant.

1. **La gratuité.** — Grâce aux mesures prises par Victor Duruy, les deux tiers des enfants scolarisés bénéficient, à l'aube de la IIIe République, de la gratuité des études. La loi du 16 juin 1881 généralise celle-ci à l'ensemble des écoles primaires publiques, des écoles normales et des salles d'asile qui ne tarderont pas à reprendre définitivement le nom d'écoles maternelles. Le traitement des instituteurs est assuré par les communes puis, à partir de 1889, par l'Etat. La loi organique du 30 octobre 1886, qui confirme l'existence des écoles primaires supérieures de la loi Guizot et crée des *cours complémentaires* annexés aux écoles primaires, étend le bénéfice de la gratuité aux élèves de ces établissements.

Il faut attendre les années 1930-1933 pour voir s'établir progressivement la gratuité de l'enseignement secondaire. Une loi du 15 août 1941 la supprime pour les classes de première, de philosophie, de mathématiques élémentaires et de préparation aux grandes écoles. L'enseignement supérieur ne cesse d'être payant mais les droits d'inscription sont relativement modestes. L'augmentation du nombre et du taux des bourses dans ces deux ordres d'enseignement n'élargit que dans une très faible mesure le recrutement des lycées et des facultés.

2. **L'obligation.** — La loi du 28 mars 1882 institue à la fois l'obligation scolaire et la laïcisation des programmes. En ce qui concerne l'obligation, il est décidé que tous les enfants, âgés de 6 à 13 ans, recevront un enseignement, soit dans les écoles publiques, soit dans les écoles privées, soit dans les familles. Cependant, les élèves qui obtiennent à 11 ans le certificat d'études primaires, sont dispensés du temps de scolarité obligatoire qu'il leur reste à passer. Une loi du 9 août 1936 prolonge l'obligation jusqu'à l'âge de 14 ans. Il va sans dire que ces mesures ont rencontré, au début, de grandes difficultés d'application.

3. **La laïcité.** — La fin du xixe siècle et le début du xxe siècle sont marqués par le développement d'un courant anticlérical et par le renforcement des mesures de sécularisation de l'enseignement. Le 16 juin 1881, en même temps qu'ils instituent la gratuité de l'enseignement primaire, les républicains abolissent les dispositions qui, selon la loi Falloux, dispensaient les ministres des cultes et les institutrices congréganistes des examens de capacité. Désormais, il est impossible d'enseigner dans une école primaire, publique ou privée, sans posséder au moins le brevet élémentaire. Aucun titre n'est, par contre, exigé de ceux qui se proposent d'enseigner dans un établissement privé de niveau secondaire ou supérieur.

La loi du 28 mars 1882, dont il a été précédemment question, laïcise les programmes de l'enseignement primaire public. L'éducation religieuse est remplacée par l'instruction morale et civique. Mais des difficultés se font jour lorsqu'il s'agit de donner un fondement philosophique et un contenu à la morale laïque. Un compromis intervient : on se borne à enseigner la « morale de nos pères » tout en se référant à une philosophie spiritualiste.

« Vous avez choisi, et vous ne pouviez pas faire autrement, la doctrine qui a le plus de racines dans le pays, je veux parler du spiritualisme traditionnel» déclare, en 1886, le jeune député Jean Jaurès, qui, tout en exprimant ses propres réserves, ajoute :« Vous êtes l'Etat et vous ne pouvez faire qu'une chose : traduire pour l'enfant la conscience moyenne du pays. » En fait, l'enseignement des « devoirs envers Dieu », retenu à la demande de Jules Simon, figure dans les programmes jusqu'en 1923.

La laïcisation du contenu de l'enseignement est suivie, quatre ans plus tard, de celle des maîtres. La loi organique du 30 octobre 1886 stipule, en effet, que « dans les écoles publiques de tout ordre, l'enseignement est exclusivement confié à un personnel laïque ».

Les luttes menées contre l'influence scolaire de l'Eglise atteignent leur point culminant sous les ministères Waldeck-Rousseau et Combes. Après avoir, le 7 juillet 1904, interdit les congrégations enseignantes, le Parlement vote, le 9 décembre 1905, la loi de séparation de l'Eglise et de l'Etat. En 1912, on ne compte plus que 27 écoles congréganistes alors qu'il en existait plus de 13 000 en 1880.

Le gouvernement de Vichy annule bon nombre de ces dispositions. Il autorise, le 3 septembre 1940, les congrégations enseignantes, rétablit, pour un temps, l'instruction religieuse dans les écoles publiques et permet, par une loi du 9 novembre 1941, l'octroi de subventions à l'enseignement privé. Il prend également certaines mesures de discrimination raciale et politique à l'égard du personnel enseignant.

Ces mesures sont abrogées à la Libération mais la loi sur la restauration des congrégations enseignantes reste en vigueur.

Pour des raisons qui tiennent aux conditions de l'occupation allemande, entre 1871 et 1918, l'Alsace et la Lorraine ont un statut scolaire particulier. Les lois de la IIIe République n'y sont pas intégralement appliquées et les essais tentés, entre les deux guerres mondiales, pour y introduire le principe de laïcité provoquent de vives réactions chez les autonomistes.

4. Les institutions d'enseignement primaire. — Selon les dispositions de la loi organique du 30 octobre 1886, l'enseignement primaire comprend non seulement les écoles élémentaires, ouvertes aux élèves âgés de 6 à 13 ans, mais aussi les écoles maternelles, les classes enfantines, les écoles primaires supérieures, les cours complémentaires et les *écoles manuelles d'apprentissage*, créées en 1880. La loi du 15 avril 1909 sur l'enseignement spécial rattache aux écoles primaires les classes de perfectionnement pour déficients mentaux.

On a évoqué, dans le chapitre V, l'origine et l'évolution des salles d'asile et des écoles maternelles. Celles-ci sont désormais conçues comme des « établissements de première éducation où les enfants des deux sexes (âgés de 2 à 6 ans) reçoivent en commun les soins que réclament leurs développements physique, intellectuel et moral». Les classes enfantines, incorporées aux écoles élémentaires, remplissent la même fonction.

Dans les écoles primaires proprement dites, le but de la formation n'est pas « d'embrasser sur les diverses matières auxquelles il touche tout ce qu'il est possible d'en savoir » mais, suivant les paroles de Gréard, reprises par les instructions de 1887 et de 1923, « de bien apprendre, dans chacune d'elles, ce qu'il n'est pas permis d'ignorer ». Ce minimum d'instruction doit préparer les enfants du peuple, non à accomplir des études secondaires, classiques ou modernes, mais à recevoir, dans le meilleur des cas, un complément de formation dans les cours complémentaires, les E.P.S. ou les écoles techniques dont il sera question plus loin. Les futurs lycéens continuent à passer par des classes élémentaires spéciales, rattachées aux établissements secondaires.

Les instituteurs et institutrices de l'enseignement public reçoivent, dans les écoles normales départementales, réorganisées par la loi du 9 août 1879, une formation générale et professionnelle, sanctionnée par le brevet supérieur et le certificat d'aptitude pédagogique.

Le Musée pédagogique, fondé la même année, doit participer à leur perfectionnement par le prêt de livres ou de documents et par l'organisation de conférences ou de stages. Cet établissement prendra, en 1937, le nom de Centre national de Documentation pédagogique et, en 1956, celui d'*Institut pédagogique national*. Les deux Ecoles normales supérieures de l'enseignement primaire, créées l'une à Fontenay-aux-Roses, en 1880, pour les jeunes filles, l'autre à Saint-Cloud, en 1882, pour les garçons, couronnent l'édifice. Les maîtres sont fonctionnarisés en 1889 mais ils resteront, jusqu'en 1944, sous l'autorité des préfets.

Les cours complémentaires et les E.P.S. préparent leurs élèves aux examens du brevet élémentaire ou du brevet d'enseignement primaire supérieur et sont censés former les cadres subalternes de la vie économique et de l'administration. Ils assurent, en tout cas, le recrutement des écoles normales départementales.

En 1937, tandis que la Direction de l'Enseignement primaire prend le nom de Direction de l'Enseignement du premier degré et de l'Education postscolaire, on décide le rattachement des E.P.S. à l'enseignement du second degré. Une loi du 15 août 1941 transforme ces établissements en collèges modernes. Le cas des écoles manuelles d'apprentissage sera envisagé avec celui des autres établissements d'enseignement technique.

Il n'est pas aisé d'évaluer quantitativement l'œuvre accomplie par la IIIe République dans les différentes sections de l'enseignement élémentaire. De 1880 à 1900, les effectifs globaux des écoles primaires et maternelles, publiques et privées, passent d'environ 5 300 000 à 6 300 000 élèves. Cet accroissement sensible est dû avant tout à l'institution de l'obligation. A partir de 1900, les effets de l'expansion scolaire sont masqués par l'importante baisse de la natalité. Aussi, faut-il attendre les années 1950, pour retrouver, dans le premier degré, les effectifs de 1900. Le nombre des classes de perfectionnement pour déficients mentaux passe de 25 en 1914, à 240 en 1939, puis à 275 en 1944 (1).

II. — Institution
d'un enseignement technique élémentaire

Sous le Second Empire, les expositions de Londres (1862) et de Paris (1867) avaient déjà attiré l'attention de l'Etat, des chefs d'entreprise et des délégations ouvrières sur la nécessité de résoudre la crise de l'apprentissage du métier. La IIIᵉ République va s'efforcer d'y mettre fin en prenant quatre séries de mesures : introduction des travaux manuels à l'école primaire, organisation de l'orientation professionnelle, développement des moyens d'enseignement technique, amélioration des conditions de formation et de travail des jeunes ouvriers.

1. **L'introduction des travaux manuels à l'école primaire.** — Dès 1873, G. Salicis, l'un des fondateurs de l'enseignement technique, organise des travaux manuels à l'école primaire de la rue Tournefort, à Paris. La loi du 28 mars 1882 et son décret d'application fixent à 2 ou 3 heures la durée hebdomadaire de ces travaux. Paul Bert, rapporteur du projet de loi, précise ainsi l'esprit de l'initiation manuelle : « Nous ne demandons pas que l'école primaire devienne une école professionnelle ; nous croyons qu'on n'en doit sortir ni serrurier, ni vigneron..., mais nous croyons que l'enseignement scientifique ne doit pas rester dans le domaine de la théorie pure,

_____

(1) Des données précises concernant les différentes formes de l'enseignement destiné aux classes populaires ont été rassemblées dans l'ouvrage de J.-P. BRIAND, J.-M. CHAPOULIÉ, J.-N. LUC et A. PROST, _L'enseignement primaire et ses extensions, XIXᵉ-XXᵉ siècle. Annuaire statistique_, Paris, I.N.R.P. et Economica, 1986.

que les applications pratiques aux diverses industries doivent y tenir une grande place. » Un inspecteur général de l'époque constate cependant que l'enseignement manuel est négligé. De leur côté, les instituteurs se déclarent incompétents pour organiser ce qu'ils croient être un véritable apprentissage. Il est vrai que la formule utilisée dans la loi de 1882 — « travaux manuels et usage des outils des principaux métiers » — prête à confusion. Quoi qu'il en soit, les formes livresques et abstraites d'enseignement continuent à prévaloir dans les écoles primaires.

Les pionniers de l'école nouvelle réagissent, au début du XXe siècle, contre cet état d'esprit et préconisent l'extension des travaux manuels dans lesquels ils voient, avant tout, un moyen d'éducation générale. Ce point de vue se concrétisera, après la seconde guerre mondiale, par l'institution de « travaux manuels éducatifs » dans l'enseignement secondaire. Entre-temps, les instructions ministérielles de 1923 et de 1938 assignent deux fonctions complémentaires aux travaux manuels des écoles primaires : le dépistage des aptitudes et l'initiation professionnelle. Ce dépistage représente par ailleurs l'une des principales tâches confiées aux services d'orientation professionnelle.

2. L'organisation de l'orientation professionnelle. — La diversification des professions et des moyens de formation rend de plus en plus nécessaire la création d'un organisme de répartition de la main-d'œuvre juvénile. Les moyens envisagés répondent à deux conceptions, l'une plus pédagogique, l'autre plus psychotechnique, de l'orientation professionnelle. La première est illustrée par le Service d'Information créé en 1909, au profit des patronages laïques du 16e arrondissement de Paris. La seconde inspire les travaux d'une Commission réunie en 1913 pour entreprendre, sous la direction du ministère du Travail, des études relatives à la physiologie professionnelle et aux aptitudes.

Selon le décret du 26 septembre 1922, l'orientation professionnelle désigne « l'ensemble des opérations incombant au sous-secrétariat d'Etat à l'Enseignement technique, qui précèdent le placement des jeunes gens et jeunes filles dans le commerce et l'industrie, et qui ont pour but de révéler leurs aptitudes morales, physiques et intellectuelles ». Les conseillers sont formés à l'Institut national d'Etude du Travail et d'Orientation professionnelle, établissement créé en 1928 et rattaché, à partir de 1941, au Conservatoire national des Arts et Métiers. L'un des fondateurs de cet Institut, Henri Piéron (1881-1964), contribue, pour une très grande part, à définir l'esprit et les méthodes psychologiques de l'orientation. Le décret du 24 mai 1938 rend la consultation d'orientation professionnelle obligatoire pour les jeunes gens de moins de 17 ans qui s'apprêtent à entrer dans une entreprise industrielle ou commerciale.

Le chômage qui sévit au cours des années trente conduit à la création, en 1932, du Bureau Universitaire de Statistiques (B.U.S.) dont l'objectif initial est de « constituer une vaste documentation scolaire et professionnelle ».

3. Le développement des moyens d'enseignement technique. — Tout en poursuivant, dans le domaine de l'enseignement technique supérieur et moyen, la tâche entreprise par les régimes antérieurs, la IIIe République se préoccupe plus particulièrement de la formation élémentaire. Deux lois consacrent cette nouvelle extension de la politique scolaire : la loi sur les écoles manuelles d'apprentissage et la loi Astier.

La première, votée le 11 décembre 1880, assimile aux écoles primaires trois types d'établissements : les écoles d'apprentissage, fondées par les communes et les départements, les écoles d'enseignement primaire complémentaire et les E.P.S. à sections professionnelles. Ces établissements, qui doivent « acheminer les élèves vers les professions auxquelles les prédestine le milieu natal », dépendent à la fois du ministère de l'Instruction publique et du ministère du Commerce. La loi des finances du 26 janvier 1892 met fin à cette situation en plaçant, sous l'autorité exclusive du second, les E.P.S. à sections professionnelles. Celles-ci deviennent alors des Ecoles pratiques de Commerce et d'Industrie (E.P.C.I.). Rattachées en 1920 au ministère de l'Instruction publique, elles portent, à partir du 15 août 1941, le nom de *collèges techniques*.

Complétant la loi de 1880, le décret du 9 juillet 1881 fonde à Vierzon un établissement modèle, l'Ecole nationale d'Enseignement primaire supérieur et professionnel. D'autres écoles du même genre s'ouvrent à Armentières et à Voiron en 1882, à Nantes en 1898 et à Tarbes en 1914. Tous ces établissements deviendront, par la suite, des *écoles nationales professionnelles*. Les deux types d'établissements, collèges techniques et écoles nationales professionnelles, qui résultent de l'application de la loi de 1880, se situent, en fait, au niveau moyen de l'enseignement technique. Cette loi ne peut donc résoudre la crise de l'apprentissage du métier. Une nouvelle solution, moins onéreuse que la création d'écoles techniques, intervient quarante ans plus tard.

La loi Astier, votée le 25 juillet 1919 au terme de laborieuses discussions qui durent depuis 1906, organise le niveau élémentaire de l'enseignement technique en instituant, entre autres, des *cours professionnels*, gratuits et obligatoires, à l'intention des apprentis formés dans les entreprises industrielles et commerciales. Ces cours, d'une durée minimum de cent heures par an, sont sanctionnés, au bout de trois ans, par le *certificat d'aptitude professionnelle* (C.A.P.). Selon les termes de la loi, « l'enseignement technique, industriel et commercial, a pour objet, sans préjudice d'un complément d'enseignement général, l'étude théorique et pratique des sciences et des arts ou métiers en vue de l'industrie et du commerce ». Moins de six mois après le vote de la loi Astier, un sous-secrétariat d'Etat à l'Enseignement technique, rattaché au ministère de l'Instruction publique, est créé le 20 janvier 1920.

Le décret-loi du 24 mai 1938 renforce les principales dispositions de la loi Astier en accroissant de 50 % la durée minimum des cours et en obligeant les employeurs à présenter leurs apprentis aux examens professionnels. Après avoir obtenu le C.A.P., les jeunes travailleurs peuvent suivre des cours de perfectionnement et, au bout de deux ans, passer les épreuves du *brevet professionnel* (B.P.), diplôme institué en 1926.

Dans le domaine de la formation agricole, la loi du 2 août 1918 confie aux instituteurs la tâche d'organiser des *cours postscolaires*. Ces cours durent en principe quatre ans, à raison de cent cinquante heures par an. Un décret du 17 juin 1938 rend cet enseignement obligatoire pour les jeunes gens, âgés de 14 à 17 ans, qui se destinent à l'agriculture. Des cours par correspondance doivent remédier à l'absence éventuelle de moyens directs d'enseignement. De 1941 à 1943, le gouvernement de Vichy prend certaines mesures favorables à l'enseignement agricole et ménager-agricole.

En dépit des progrès dus à l'application de la loi Astier et de la loi sur les cours postscolaires agricoles, l'enseignement technique élémentaire ne dispose toujours pas, à la veille de la seconde guerre mondiale, d'un réseau d'écoles publiques. Des centres de formation professionnelle sont institués en 1939 et se multiplient, durant l'Occupation, sous l'impulsion de l'Etat ou des mouvements de jeunesse. On en compte 860 en 1944, au moment où la Direction de l'Enseignement technique va les prendre en charge et leur donner le nom de *Centres d'Apprentissage*. L'organisation de ces établissements achève l'édification de l'enseignement technique avec ses trois niveaux : supérieur, moyen, inférieur. Précisons, à ce propos, que les efforts déployés par les collectivités locales ou les organismes particuliers ont préparé ou complété les mesures prises par l'Etat.

Faute de pouvoir présenter ici les multiples établissements qui relèvent de la compétence des divers ministères ou qui dépendent du secteur privé, on se bornera à évoquer quelques-unes des principales créations se rapportant à chaque niveau. Au niveau supérieur de l'enseignement technique, le Conservatoire national des Arts et Métiers délivre, depuis 1924, un diplôme d'ingénieur. Les Ecoles nationales d'Arts et Métiers de Lille, de Cluny et de Paris, fondées respectivement en 1881, 1901 et 1906, prennent place à côté de celles de Châlons, d'Angers et d'Aix. Ces établissements ont, en 1885, pour mission de former des sous-ingénieurs puis, à partir de 1907, des ingénieurs. Le niveau moyen est, à la veille de la Libération, constitué par les collèges techniques et les écoles nationales professionnelles, établissements dont l'origine remonte à l'application de loi de 1880 sur les écoles manuelles d'apprentissage. A ces établissements, il convient d'ajouter les écoles professionnelles de la ville de Paris. La première, l'Ecole Diderot, a été fondée en 1873, sur la proposition d'Octave Gréard. D'autres écoles ouvrent, par la suite, leurs portes : l'Ecole Boulle (1886), l'Ecole Dorian (1886), l'Ecole Estienne (1889), l'Ecole des Arts appliqués à l'Industrie (1923) et l'Ecole des Métiers de la Chaussure (1927).

En matière d'enseignement technique élémentaire, différentes initiatives ont précédé la fondation des centres d'apprentissage. On peut citer. par exemple, les ateliers-écoles, créés au début du siècle par les Chambres de Commerce, et les établissements tenus par les frères ou les prêtres salésiens.

La préoccupation de former les maîtres de l'enseignement technique donne lieu à un certain nombre de réalisations. En 1882, Salicis organise des cours normaux à l'intention des maîtres de travaux manuels, affectés dans les écoles normales et les E.P.S. Diverses formules sont expérimentées par la suite : la plus durable est la fondation, en 1912, d'un établissement qui deviendra, en 1934, l'*Ecole normale supérieure de l'Enseignement technique.*

Comme sous le Second Empire, les cours d'adultes contribuent, plus ou moins directement, à la formation technique des ouvriers. Aux cours institués par les villes et réglementés par un décret de 1895, s'ajoutent, à partir des toutes dernières années du XIXe siècle, ceux qu'organisent les *universités populaires*, fondées par le typographe Georges Deherme (1870-1937), et le mouvement du *Sillon*, animé par Marc Sangnier (1873-1950). Les syndicats ouvriers, d'abord réticents, s'engagent progressivement dans les tâches de formation. La C.G.T. ouvre, en 1932, le Centre confédéral d'Education ouvrière. Les deux guerres mondiales et la grande crise économique des années 1930 suscitent un certain nombre de mesures concernant le reclassement des mutilés et des chômeurs.

4. **Le cas des jeunes formés dans les entreprises.** — En raison de l'insuffisance des moyens scolaires d'initiation technique, l'Etat est conduit à se pencher sur le sort de la main-d'œuvre juvénile. Il intervient, soit pour améliorer les conditions générales du travail, soit pour garantir un minimum de formation aux jeunes ouvriers.

Dans le premier cas, il s'agit notamment de la réduction de la durée du travail (journée de dix heures pour les adolescents de 13 à 16 ans en 1892, semaine de quarante heures pour tous en 1936), de la reconnaissance du droit aux loisirs (repos dominical en 1906, congé annuel payé en 1936) et de la protection de la santé (loi sur les accidents du travail en 1898). Parmi les mesures favorables au développement de la formation, on a déjà évoqué les dispositions de la loi Astier, relatives au cours professionnels. On doit ajouter la loi du 13 juillet 1925 qui astreint les entreprises à verser une taxe d'apprentissage, destinée au développement de l'enseignement technique et de l'orientation professionnelle. D'autres mesures intéressent plus particulièrement l'apprentissage artisanal. La loi du 26 juillet 1925 confère aux Chambres de Métiers la possibilité de créer ou de subventionner des écoles techniques ou des cours professionnels. Le contrat d'apprentissage, hérité du système des corporations, est rétabli par la loi du 20 mars 1928. Enfin, la loi Walter-Paulin du 10 mars 1937 rend l'apprentissage obligatoire dans les entreprises artisanales.

III. — L'enseignement secondaire
réalise son unité

De 1880 à 1940, l'enseignement secondaire, classique et moderne, progresse assez sensiblement. Les effectifs des lycées et collèges passent de 150 000 à 500 000 élèves, mais ils ne représentent, à la veille de la seconde guerre mondiale, que le dixième de la population des établissements d'enseignement préscolaire et primaire. La période considérée est surtout marquée par le développement des luttes parlementaires et des oppositions doctrinales concernant la vocation de la formation secondaire. C'est, tout d'abord, le traditionnel conflit entre ceux qui restent attachés à l'humanisme classique et ceux qui souhaitent organiser un enseignement réaliste, moderne. Le second degré doit-il être diversifié pour mieux répondre à la multiplicité des besoins sociaux ? Doit-il préparer aux exigences de la vie ou à celles de l'enseignement supérieur ? Faut-il maintenir le baccalauréat en tant que moyen de sélection à l'usage des facultés ? Un autre conflit oppose les partisans aux adversaires du féminisme. La formation secondaire des jeunes filles doit-elle être identique à celle des garçons ? Les réponses successives que le législateur donne à ces questions portent la marque des affrontements idéologiques et des fluctuations de la vie politique. Elles conduisent cependant à réaliser l'unité de l'enseignement secondaire.

Le ministre Léon Bourgeois (1851-1925) remplace, en 1891, l'enseignement spécial de Victor Duruy par un enseignement moderne qui réserve une grande place à la formation théorique et aux études littéraires. Le baccalauréat spécial, institué en 1881, prend le nom de baccalauréat de l'enseignement secondaire moderne. L'agrégation spéciale est supprimée. En 1902, la réforme de Georges Leygues (1857-1933) divise les études secondaires en deux cycles : le premier cycle (de la 6ᵉ à la 3ᵉ) comprend deux sections, A et B, la seconde ne comportant ni latin ni grec ; le second cycle (de la 2ᵉ aux classes terminales) comprend quatre options dont trois ont le latin pour base commune. Quelle que soit la section ou l'option suivie, le baccalauréat confère à son titulaire le droit d'être admis dans toutes les facultés. En 1923, le ministre Léon Bérard (1876-1960) annule certaines dispositions de la réforme de 1902 en imposant l'étude du latin à tous les élèves du premier cycle. Mais, deux ans plus tard, on rétablit la section B sans latin au premier et au second cycle. Le gouvernement de Vichy crée, en 1942, les classes terminales de philo-sciences qui deviendront les classes de sciences expérimentales.

Dans l'enseignement secondaire féminin, les cours fondés par Victor Duruy périclitent. En 1880, la loi Camille Sée établit, pour les lycées de jeunes filles, des programmes assez voisins de ceux des E.P.S. L'identité des programmes et des horaires pour les enseignements masculin et féminin ne sera instituée qu'en 1925.

Sous l'impulsion de Jean Zay (1904-1944), certaines mesures tendent, en 1937, à réaliser l'idéal de l'*Ecole unique* : assimilation des classes élémentaires de lycée à l'enseignement primaire ; harmonisation, au sein du *second degré*, qui est censé prolonger le *premier degré*, des programmes des E.P.S. et du premier cycle de l'enseignement secondaire ; substitution des *classes d'orientation* aux sixièmes traditionnelles. Roger Gal (1906-1966) prend une part active à l'organisation de ces classes. En dépit des initiatives audacieuses de Jean Zay, des cloisons étanches continuent à séparer les différents enseignements.

A la veille de la seconde guerre mondiale, trois types d'établissements, alimentés par des couches sociales distinctes, coexistent au-delà du cycle primaire : les lycées et collèges, qui donnent seuls accès aux facultés et aux grandes écoles, les E.P.S., auxquelles se joignent les cours complémentaires et, en dernier lieu, les diverses écoles techniques qui rassemblent plusieurs dizaines de milliers d'élèves.

IV. — L'enseignement supérieur recouvre partiellement son autonomie

Au cours des années 1880, la politique d'organisation et d'intégration des différents secteurs de l'enseignement se manifeste notamment dans le souci de regrouper les facultés d'Etat en universités. Cette préoccupation inspire différentes mesures qui ont pour effet de rétablir, sous une forme nouvelle, l'autonomie dont jouissaient les universités médiévales. On a vu, dans le chapitre II, que les corporations universitaires du Moyen Age rassemblaient, pour la défense de certains privilèges, les maîtres et les élèves appartenant aux trois facultés supérieures et aux quatre nations de la Faculté des Arts. La Révolution a supprimé ce type d'organisation. Sous Napoléon, la notion d'université renvoyait à une réalité différente. Elle désignait, d'une part, l'ensemble du corps enseignant de l'Empire, à l'exclusion des instituteurs, d'autre part, les services centraux et académiques, chargés d'administrer les institutions scolaires. Les facultés, placées sous l'autorité de l'Etat, n'avaient entre elles aucun lien.

Sous la IIIe République, elles sont appelées progressivement à avoir une vie commune et relativement indépendante. Elles acquièrent en 1885 la personnalité civile et, en 1890, la possibilité de gérer leur propre budget. Une loi du 10 juillet 1896, à laquelle est associé le nom du vice-recteur Louis Liard (1846-1917), réunit les facultés de chaque ressort académique en une université. L'application de cette loi entraîne un renouveau de la vie universitaire. Le nombre des étudiants passe d'environ 30 000 à 100 000, entre le début du siècle et la Libération. Aussi, les locaux de la nouvelle Sorbonne, inaugurés en 1897, ne tardent-ils pas à se révéler insuffisants.

L'Université étend progressivement son domaine. En 1903, l'Ecole normale supérieure de la rue d'Ulm, fondée par la Convention, et l'Ecole normale supérieure de jeunes filles, ouverte à Sèvres en 1881, lui sont rattachées. Un décret de 1920 fait entrer dans le cadre universitaire tous les établissements d'enseignement supérieur, à l'exception de ceux qui dépendent de l'Administration des Beaux-Arts et du sous-secrétariat d'Etat à l'Enseignement technique. Des instituts sont créés au sein d'une faculté ou d'une université afin de répondre aux besoins suscités par la spécialisation croissante des études.

Tout en continuant à conférer les grades, les facultés assument une double fonction d'enseignement et de recherche. Mais l'insuffisance des moyens dont elles disposent provoque, dès le début du siècle, l'institution d'organismes chargés d'encourager la recherche, soit par la fourniture de matériel, soit par le recrutement de personnel compétent. Ces organismes, dont la coordination est assurée, à partir de 1936, par le sous-secrétariat d'Etat à la Recherche scientifique, se regroupent pour constituer, en 1939, le *Centre national de la Recherche scientifique.*

V. — Pour une éducation intégrale et permanente : sports, loisirs et culture populaire

La transformation des conditions de vie entraîne un élargissement progressif du domaine de l'éducation et la recherche de moyens pédagogiques propres à réaliser une formation intégrale de l'homme.

Durant le dernier tiers du XIXᵉ siècle, la prise de conscience des besoins en matière de loisirs est favorisée, chez les travailleurs, par la reconstitution des associations professionnelles et le développement des activités syndicales. Pour les ouvriers, il s'agit tout d'abord d'obtenir une réduction sensible des heures de travail. Puis, la rencontre du peuple et des intellectuels, provoquée par des événements importants comme l'affaire Dreyfus, suscite diverses initiatives en vue de meubler le temps libre. A cet effet, les universités populaires abordent, en dehors des questions sociales et professionnelles, certains thèmes philosophiques, littéraires ou artistiques. Une œuvre culturelle de même nature est accomplie par le mouvement du Sillon.

Au lendemain de la première guerre mondiale, le souvenir des épreuves douloureuses et des expériences de solidarité vécues par les combattants, inspire des projets de réforme scolaire et de renouvellement des formes d'éducation populaire. Il faudrait évoquer ici les efforts déployés par les *Compagnons de l'Université nouvelle*, les *Equipes sociales* ou les fondateurs des *ciné-clubs*. Certaines de ces initiatives intéressent plus particulièrement la jeunesse. Le *scoutisme*, introduit dans notre pays par l'Association laïque des Eclaireurs de France, fondée en 1911, permet déjà aux adolescents d'échapper, dans une certaine mesure, aux contraintes de l'urbanisation et de l'industrialisation croissantes de la société. Au cours des années 1920, les mouvements de la jeunesse chrétienne se développent, à leur tour, dans les milieux ouvriers et paysans.

L'année 1936, marquée par l'institution des congés payés et la création d'un sous-secrétariat d'Etat aux Loisirs et aux Sports, inaugure une période favorable à l'extension des diverses formes de loisirs populaires comme les *Auberges de Jeunesse*, fondées en 1929, l'aviation populaire, le théâtre populaire, les maisons de la culture ou les collèges du travail.

Les colonies de vacances se multiplient rapidement avec l'aide des *Centres d'Entraînement aux méthodes actives* qui ont pour mission de former des moniteurs. Des *loisirs dirigés* sont prévus, en 1936, dans les horaires des classes expérimentales. Mais lorsqu'il s'agit, deux ans plus tard, de préciser les rubriques des programmes de l'enseignement primaire, on préfère utiliser l'expression plus scolaire, ou moins choquante, d'*activités dirigées*.

L'éducation physique et sportive bénéficie de cet élan. Elle avait déjà tiré profit du mouvement d'intégration que nous avons évoqué à différentes reprises. En effet, le rattachement au ministère de l'Instruction publique d'un sous-secrétariat d'Etat à l'Education physique est suivi de la création, en 1928, des Instituts régionaux d'Education physique, et en 1933, de l'Ecole normale d'Education physique. Cet établissement se scindera en 1946 pour donner naissance à deux Ecoles normales supérieures d'Education physique, l'une destinée aux jeunes filles et ouverte à Chatenay-Malabry, l'autre installée à Joinville, puis à Vincennes, pour les garçons. Entre temps, le gouvernement de Vichy favorise, par réaction contre un enseignement jugé trop intellectuel, l'essor de l'éducation physique et sportive. Celle-ci est désormais considérée comme une composante indispensable de l'éducation générale.

Des expériences culturelles se développent, à la même époque, dans les organisations de jeunesse — *Chantiers* et *Compagnons de France* —, les camps de prisonniers et la Résistance. Le mouvement *Peuple et Culture*, né dans les maquis, se consacre à la formation des animateurs d'éducation populaire. Il illustre ainsi une commune volonté de rénovation des structures et des méthodes pédagogiques. L'esprit de la Résistance inspire, en France et à Alger, l'élaboration de divers projets d'où sortira, après la Libération, le plan Langevin-Wallon.

CHAPITRE VII

DU TOURNANT DES ANNÉES 1950
A LA CRISE DES ANNÉES 1970-1990

Le préambule de la Constitution de 1946, confirmé dans ses grandes lignes par celui de la Constitution de 1958, exprime en ces termes la volonté de réaliser une véritable éducation nationale : « La nation garantit l'égal accès de l'enfant et de l'adulte à l'instruction, à la formation professionnelle et à la culture. L'organisation de l'enseignement public, gratuit et laïque à tous les degrés, est un devoir de l'Etat. »

On sait que les efforts d'organisation et d'intégration accomplis par les législateurs de la IIIe République n'ont pu aboutir à la suppression des cloisons qui séparent les différents ordres d'enseignement. Aussi, des éducateurs et des hommes politiques se préoccupent-ils de substituer, à une mosaïque plus ou moins disparate, un système scolaire à la fois différencié et uni dans ses structures, ses méthodes et ses programmes : différencié pour mieux répondre à la diversité des caractéristiques individuelles et des besoins sociaux, uni pour favoriser l'épanouissement de chacun, grâce à l'institution de moyens de rattrapage et de réorientation.

Le plan Langevin-Wallon s'efforce précisément de répondre à cette double nécessité en prévoyant certaines dispositions propres à réaliser une éducation intégrale et permanente : fixation à 18 ans du terme de la scolarité obligatoire, démocratisation du recrutement des élèves par des mesures de justice sociale, organisation d'un tronc commun, coordination des enseignements, exigence d'un même niveau élevé de formation culturelle et technique pour tous les maîtres, reconnaissance de l'égale dignité des différentes catégories d'études. Remis aux autorités en juin 1947, le plan Langevin-Wallon ne sera jamais appliqué, mais il inspirera partiellement le contenu des projets et des mesures — songeons aux récentes dispositions sur la formation des enseignants — qui se succéderont jusqu'à nos jours.

A partir de 1950, les mesures d'organisation et d'intégration ne concernent pas seulement les différentes institutions publiques. Elles visent aussi à établir une plus grande cohérence entre les secteurs public et privé du système scolaire.

De nombreuses mesures, prises en faveur de l'enseignement privé, annulent certaines dispositions de la législation scolaire de la IIIe République. Citons notamment la loi du 28 août 1951 qui prévoit le versement d'une allocation à tout chef de famille ayant des enfants dans l'enseignement primaire, public ou privé, et la loi du 31 décembre 1959 qui institue, sous la forme de contrats, l'aide à l'enseignement privé. Plus récemment, un accord conclu le 13 janvier 1993 entre le gouvernement et les responsables de l'enseignement catholique doit contribuer à harmoniser le recrutement et la formation de tous les professeurs du second degré.

Au-delà des questions juridiques et matérielles, la crise des valeurs républicaines, l'insatisfaction de la demande de sens, l'engouement pour le sacré et la radicalisation de certaines attitudes religieuses conduisent à repenser le contenu de la laïcité.

Après l'avènement de la Ve République, la conception et l'application de la réforme de 1959 interfèrent avec les grands changements qui, durant la seconde moitié du xxe siècle, bouleversent les conditions de l'éducation.

I. — Les nouvelles conditions de l'enseignement

Les institutions scolaires et universitaires sont plus ou moins directement affectées par le mouvement d'accélération qui entraîne aujourd'hui les différents éléments de la civilisation industrielle.

L'évolution du contexte économique, technique et culturel, la transformation des modes de vie et des structures professionnelles, l'apparition de nouveaux moyens de transmission des savoirs et l'aggravation récente des « fléaux sociaux » que sont la violence à l'école, le chômage des jeunes, la toxicomanie et le sida, suscitent un courant de réflexion sur les nouvelles missions du système scolaire et universitaire. En outre, l'accroissement de la demande d'éducation renforce les effets de l'essor démographique de l'après-guerre pour provoquer, selon l'expression d'un administrateur, une « explosion scolaire » qui se traduit par l'entrée massive des adolescents et des jeunes dans les lycées et les différentes filières de l'enseignement supérieur.

Quelques chiffres expriment, d'une manière éloquente, l'importance de ce phénomène. Le nombre global d'élèves et d'étudiants passe de 6 500 000 en 1945 à environ 14 500 000 en 1994. L'effectif de l'enseignement secondaire (6 100 000 adolescents) est sur le point d'atteindre celui de l'enseignement primaire et préscolaire (6 800 000 enfants). En outre, tandis qu'un jeune sur vingt était bachelier en 1945, cette proportion s'élève à près de 55 % en 1994. On doit ajouter que les deux tiers d'une classe d'âge accèdent au terme de la scolarité secondaire et qu'un jeune sur quatre suit aujourd'hui une formation de niveau supérieur. Les universités accueillent en 1994 environ 1 450 000 étudiants auxquels s'ajoutent les centaines de milliers de jeunes qui suivent d'autres formations supérieures comme celles qui sont dispensées dans les classes préparatoires au brevet de technicien supérieur, dans les instituts universitaires de formation des maîtres ou dans les écoles d'ingénieurs.

Aussi, les questions de prévision, de planification et d'évaluation retiennent-elles de plus en plus l'attention des administrateurs. A une masse croissante d'élèves, les progrès scientifiques et techniques imposent d'apporter une masse croissante de connaissances. Mais ces élèves doivent aussi, selon les paroles de Gaston Berger (1896-1960), se préparer à vivre dans un monde mobile, « rester calmes au milieu de l'agitation et apprendre à être heureux dans la mobilité ». Il en découle un souci permanent de réformer les programmes et les méthodes afin d'adapter l'enseignement, d'une part, aux motivations et aux capacités des nouvelles recrues, d'autre part aux exigences d'une formation à la fois culturelle et efficace. On observe aussi un plus grand intérêt pour les questions d'orientation. A cet égard, la prolongation de la scolarité obligatoire, la diversité des moyens d'enseignement, la complexité des structures professionnelles et l'existence de moyens de rattrapage et de promotion impliquent l'organisation d'une aide continue et la participation active des élèves à l'élaboration de leurs propres projets. C'est dire que la tendance éducative ou psychopédagogique, longtemps masquée par la profusion des moyens psychotechniques, s'affirme progressivement dans un domaine où la collaboration entre maîtres, parents et conseillers d'information et d'orientation (C.I.O.) est absolument nécessaire. Ainsi conçue, l'orientation devient l'un des chaînons et l'un des moyens importants d'une *éducation permanente* dont l'essor conduit à repenser l'ensemble des problèmes pédagogiques.

A partir du décret du 15 avril 1948, qui organise dans toute la France les cours de promotionnelle aux niveaux élémentaire et moyen, différentes mesures, comme l'institution de la promotion supérieure du travail ou des congés d'éducation ouvrière, concrétisent cette notion d'*éducation permanente*. On retiendra surtout les lois du 16 juillet 1971 sur l'organisation de l'apprentissage, de l'enseignement technologique et de la « formation professionnelle permanente », qui stipulent que celle-ci « constitue une obligation nationale ».

La modification des structures scolaires, découlant de l'application de ces lois et de la réforme de 1959, entraîne un partage des responsabilités entre le ministère de l'Éducation nationale et d'autres organismes publics ou privés.

Ajoutons que les modalités d'application de la réforme sont sensiblement affectées par la crise de mai 1968.

Cette crise s'ouvre sur une décennie marquée, à la fois, par de profonds déséquilibres économiques, la mise en cause des fonctions sociales ou idéologiques de l'école et la multiplication des réformes ou des projets.

II. — L'application de la réforme de 1959

La réforme de 1959 — il faudrait plutôt parler des réformes successives commandées par l'ordonnance du 6 janvier 1959 — est marquée, dans une première étape, par la fixation à 16 ans du terme de la scolarité obligatoire, par la création d'un cycle d'observation, englobant les classes de 6e et de 5e, et par l'adoption de nouvelles dénominations pour différentes catégories d'établissements.

Les centres d'apprentissage deviennent des collèges d'enseignement technique (C.E.T.) ; les cours complémentaires s'appellent collèges d'enseignement général (C.E.G.) ; les collèges modernes sont assimilés aux lycées ; les collèges techniques et les écoles nationales professionnelles prennent le nom de lycées techniques.

Certaines mesures plus récentes ont, à la fois, pour objet la distribution des responsabilités et la coordination des tâches au niveau de l'administration centrale.

Des organismes ont pour fonction d'élaborer et de diffuser des informations et de la documentation au profit des élèves, des familles et des enseignants. Ce sont, d'une part, l'Office national d'information sur les enseignements et les professions (O.N.I.S.E.P.) et, d'autre part, l'Institut national de la recherche pédagogique (I.N.R.P.). Ce dernier organisme résulte, avec le Centre national de documentation pédagogique, d'une différenciation opérée en 1970 au sein de l'ancien Institut pédagogique national et d'une réorganisation intervenue en 1976.

Dans les classes élémentaires, un arrêté du 7 août 1969 prévoit un aménagement de la semaine scolaire et une nouvelle répartition — connue sous le nom de tiers temps — de l'horaire hebdomadaire.

Cet horaire est fixé désormais à 27 heures. Celles-ci sont ainsi réparties : 10 heures de français, 5 heures de calcul, 6 heures pour les disciplines d'éveil et 6 heures pour l'éducation physique et sportive.

L'inefficacité du cycle d'observation en matière d'orientation entraîne une refonte progressive des structures du second degré.

Un décret du 8 août 1963 porte de deux à quatre ans la durée du cycle d'observation et d'orientation. Cette étape de la vie scolaire, qui coïncide avec le premier cycle du second degré (classes de 6e, 5e, 4e et 3e), s'organise dans de nouveaux établissements, les collèges d'enseignement secondaire (C.E.S.).

Après la classe de 3e, l'élève du C.E.S. aborde un second cycle long ou un second cycle court. Le second cycle long, organisé dans les lycées classiques, modernes et techniques, offre trois grandes voies — littéraire, scientifique, technique — comportant chacune plusieurs options. Il prépare les élèves à l'un des trois diplômes suivants : le baccalauréat de l'enseignement secondaire, le baccalauréat de technicien (le baccalauréat technique avait été institué en 1946) et le brevet de technicien. Les épreuves du baccalauréat sont subies au cours d'un seul examen. Ajoutons que la fonction de cet examen demeure ambiguë. Doit-il sanctionner la formation secondaire ou tenir lieu de moyen de sélection pour l'admission dans les universités ? Le second cycle court, organisé dans les C.E.T., comporte des sections industrielles, commerciales et administratives. Il conduit, soit au brevet d'études professionnelles (B.E.P.), après une formation qualifiée de deux ans, soit au certificat d'aptitude professionnelle (C.A.P.) après trois années d'études d'un niveau théorique moins élevé que dans le cas précédent, soit au certificat d'éducation professionnelle (C.E.P.), après une année de formation dispensée par des établissements publics ou au sein des entreprises.

La réorganisation de la formation professionnelle, amorcée par la loi d'orientation et de programme de décembre 1966, est complétée, en application de la loi du 16 juillet 1971, par un projet d'unification des moyens d'apprentissage.

Toutes ces mesures impliquent une nouvelle répartition des tâches enseignantes entre l'Education nationale et le secteur privé.

Par ailleurs, les nouvelles structures de participation (conseils d'administration), instituées en novembre 1968, consacrent, entre autres, l'ouverture des établissements du second degré aux familles et au monde du travail.

111

Les enseignements supérieurs n'échappent pas à ce courant de réformes. A cet égard, la rentrée de 1966 est marquée par deux innovations : l'ouverture des instituts universitaires de technologie (I.U.T.) et l'organisation de la première année du premier cycle dans les facultés.

Après la crise de mai 1968, la loi d'orientation du 12 novembre 1968 assigne à l'enseignement supérieur, en plus des fonctions de recherche et de transmission des connaissances, la mission d'orienter les étudiants, de former les maîtres et de contribuer au développement de l'éducation permanente.

Deux principes, l'autonomie et la participation, sont appelés à inspirer l'activité des unités de formation et de recherche (U.F.R.) réparties aujourd'hui dans quatre-vingts universités et quarante-cinq antennes universitaires. La réalisation de ces principes et la création de nouveaux types de formation supposent la mise en œuvre de moyens suffisants en matière d'enseignement, de recherche et d'administration. Sur le plan pédagogique, la réorganisation des premiers cycles et le renouvellement du corps enseignant continuent à poser de redoutables problèmes.

III. — Recherche d'un nouvel équilibre

En vérité, tout progrès accompli dans un domaine ou à un niveau quelconque de l'action éducative met en évidence certains besoins, certains déséquilibres, dont la prise de conscience prépare de nouveaux progrès. C'est ainsi que l'admission de nouvelles couches sociales dans les enseignements secondaire et supérieur conduit à préciser ou à reformuler les finalités de l'éducation et rend nécessaire la mise en œuvre de certaines mesures visant, en même temps, à la démocratisation effective de l'enseignement, à la réalisation d'une orientation efficace, positive, à l'organisation d'une formation complète des maîtres et à l'application de méthodes et de techniques pédagogiques éprouvées. L'efficacité de ces mesures, parmi lesquelles il est difficile d'établir un ordre hiérarchique immuable, paraît subordonnée à l'extension et à la coordination des moyens de la recherche en éducation.

La notion fort répandue de démocratisation de l'enseignement reçoit des acceptions diverses et peut légitimer, de ce fait, des politiques scolaires contradictoires. Doit-on, selon les implications du modèle darwinien, la concevoir comme un moyen propre à assurer l'ascension d'une élite jugée apte à remplir les plus hautes fonctions sociales ? Doit-on, au contraire, se préoccuper du plein épanouissement, de la formation intégrale et permanente du plus grand nombre d'enfants ? Il s'agirait alors de prendre certaines mesures sociales et pédagogiques — aide aux familles, réforme des méthodes éducatives — propres à démocratiser l'enseignement dans sa gestion, dans ses structures, dans son recrutement et dans son contenu.

Dans quelle mesure les décisions et projets récents répondent-ils à ces exigences ?

Un premier train de réformes — réalisées ou projetées — concerne les enseignements supérieurs. Au cours de l'année 1973, les moyens d'intervention de l'Université dans l'éducation permanente sont mis en place, tandis que l'organisation du premier cycle subit certains aménagements : le D.E.U.G. (diplôme d'études universitaires générales) remplace les titres institués en 1966. Les enseignements de troisième cycle font l'objet, à la rentrée de 1975, d'un certain nombre de remaniements comme, par exemple, la généralisation du diplôme d'études approfondies pour sanctionner le première année de ce cycle. Mais c'est surtout la *professionnalisation* de certaines filières de second cycle, envisagée en 1976, qui soulève le plus de problèmes à propos de l'avenir des études universitaires et du rôle respectif de l'Etat, des organismes privés et des membres de l'Université dans le choix, le développement ou la suppression de certaines formations.

En ce qui concerne les enseignements élémentaire et secondaire, la loi du 11 juillet 1975, *relative à l'éducation*, prévoit « pour favoriser l'égalité des chances, des dispositions appropriées [qui] rendent possible l'accès de chacun, en fonction de ses aptitudes, aux différents types ou niveaux de la formation scolaire ». Dans le premier cycle de l'enseignement secondaire, on réalise certains aménagements pédagogiques, comme l'institution de programmes allégés ou d'actions de soutien pour les élèves faibles et l'organisation d'activités approfondies au profit des meilleurs. En outre, des classes préparatoires accueillent les élèves justiciables d'un enseignement préprofessionnel. Le second cycle secondaire dispense quatre types de formation conduisant respectivement au baccalauréat (avec système d'options), au brevet de technicien, au brevet d'études professionnelles et au certificat d'aptitude professionnelle. Dans le cadre de la première formation, l'éventail plus ou moins large des options et le statut conféré à chacune d'elles (approfondissement jugé nécessaire pour certaines) peuvent contribuer à établir ou à maintenir une hiérarchie entre les établissements ou entre les disciplines.

D'une façon générale, on peut se demander dans quelle mesure les procédures de répartition plus ou moins précoce des élèves ne tendent pas à restaurer les anciennes filières hiérarchisées et à maintenir le réseau d'apprentissage que plusieurs décisions avaient reconstitué : institution des centres de formation d'apprentis (C.F.A.) en 1971, des classes préparatoires à l'apprentissage (C.P.A.) et des classes préprofessionnelles de mise à niveau (C.P.P.N.) en 1972, vote, en 1973, de la *loi d'orientation et de l'artisanat*, qui autorise le recrutement d'apprentis dès l'âge de 14 ans.

On doit cependant souligner la transformation des C.E.T. en lycées d'enseignement professionnel (L.E.P.) en 1976, puis en lycées professionnels (L.P.) avec création du baccalauréat professionnel en 1985. Le baccalauréat technologique prend alors la place du baccalauréat de technicien, tandis que les C.F.A. organisent, à partir de 1987, des formations comprises entre le niveau V (ouvrier qualifié) et le niveau II (ingénieur).

Ces changements illustrent une tendance, perceptible à différents moments de l'histoire de l'enseignement, selon laquelle une institution, conçue initialement pour accueillir une population non ou peu sélectionnée, élève par la suite le niveau scolaire, et du même coup social, de son recrutement.

Cette translation vers le haut vise apparemment à homogénéiser les statuts des divers modes de formation. Mais elle s'accompagne d'un mouvement de différenciation qui, dans l'enseignement secondaire, isole la voie professionnelle des voies générale et technologique. Les lycées professionnels continuent, en effet, à rassembler des candidats à des diplômes de niveaux différents (baccalauréat, B.E.P., C.A.P.) et des formations en voie d'extinction (C.P.A., C.P.P.N.). En outre, la loi quinquennale de décembre 1993 relative au travail, à l'emploi et à la formation professionnelle contribue à accentuer cette bigarrure en prévoyant l'ouverture de sections d'apprentissage dans les L.P.

On conçoit, dès lors, la nécessité d'adapter les contenus et les méthodes de l'enseignement aux particularités de ces différentes catégories d'élèves.

Mais la question reste posée de savoir si, considérant ces particularités (aptitudes, orientation concrète ou abstraite de l'esprit, rythme d'acquisition) comme des faits de nature, d'ordre biologique ou psychologique, on ne risque pas, en dernière analyse, de renforcer les hiérarchies initiales, ou bien si, mettant l'accent sur les conditions économiques et sociales des différences observées, on s'efforce surtout de modifier ces conditions afin de progresser vers l'égalité des chances.

La mise en œuvre d'une politique cohérente d'éducation, visant à égaliser les chances des différents groupes d'élèves, nécessite notamment l'organisation ou le renouvellement de la formation pédagogique

— initiale et continue — des maîtres appartenant à tous les ordres d'enseignement.

A ce propos, il n'est pas exagéré d'affirmer qu'il existe une relation inverse entre le prestige dont jouissent les enseignements et le degré de formation pédagogique des maîtres qui sont appelés à les assurer. L'enseignement primaire et l'enseignement technique, longtemps considérés comme peu nobles, ont leurs propres écoles normales et, depuis peu (1972-1973), leurs propres structures de recyclage et de perfectionnement. Par contre, la formation pédagogique a été trop souvent tenue pour superflue dans les enseignements secondaire et supérieur, même si diverses mesures (création des centres pédagogiques régionaux en 1952 et des instituts de préparation à l'enseignement du second degré en 1957) attestent l'existence de préoccupations certaines en cette matière.

Une telle situation paraît imputable à la tradition intellectualiste qui pèse sur la pédagogie française. L'école ayant pour fonction essentielle de transmettre des connaissances, il suffit au maître de bien connaître ce qu'il a à enseigner. Quant au savoir-faire pédagogique, il souffre de préventions ou de réprobations semblables à celles qui frappent l'ensemble des techniques.

Plusieurs ordres de faits contribuent à créer, aujourd'hui, un courant favorable à la formation des maîtres.

Il s'agit, tout d'abord, de l'évolution des finalités de l'enseignement, du souci croissant d'englober la formation intellectuelle dans une éducation intégrale et permanente, faisant une place à toutes les dimensions de la personnalité et à tous les secteurs de l'activité humaine. En second lieu, l'entrée de nouvelles couches sociales dans les lycées et les universités, associée au changement des structures professionnelles, appelle un renouvellement des contenus et des méthodes d'enseignement. En troisième lieu, les maîtres doivent faire face à de nouvelles obligations comme, par exemple, l'observation et l'orientation continues des élèves, l'animation de groupes d'adultes et l'information sur certains problèmes difficiles (drogue, abus sexuels à l'égard des enfants). Enfin, les progrès accomplis dans les sciences humaines devraient fournir les bases d'un programme satisfaisant de formation des enseignants.

IV. — L'école et son environnement
au cours des années 1980 et 1990

A partir des années 1970, l'extension du chômage et des processus de « déqualification » qui en découlent contribuent à remettre en question l'image d'une relation directe, étroite, entre, d'une part, l'orientation et la durée des études et, d'autre part, la nature et le niveau de l'emploi. Associée à l'exacerbation de la compétition économique, la mutation rapide de la société industrielle, marquée notamment par la « dématérialisation » des tâches et l'apparition de nouveaux équipements (ensembles automatisés, machines à commande numérique), conduit les responsables des secteurs les plus modernes de la production à souligner la nécessité d'élever le niveau des formations.

Ces changements économiques et techniques, combinés avec l'accroissement de la demande d'éducation, lui-même provoqué par les déclarations officielles sur le projet de faire accéder 80 % d'une classe d'âge au niveau du baccalauréat, entraînent, au cours des années 1980 et 1990, une progression rapide de la scolarisation au-delà de l'âge de 16 ans.

Ainsi, le taux d'accès d'un même groupe d'âge aux classes terminales des lycées passe de 35 % en 1985 à 63 % en 1994. L'enseignement professionnel est lui-même le siège d'un fort mouvement ascendant puisque l'effectif des élèves qui préparent un C.A.P. en trois ans, à partir de la classe de 5e, diminue sensiblement au profit du nombre de jeunes qui préparent le B.E.P. en deux ans, à partir de la classe de 3e. En outre, la proportion des titulaires d'un B.E.P. qui poursuivent leurs études en classe de première double entre 1986 et 1993.

La poursuite des études, qui exprime souvent une « fuite en avant », suscitée par la crainte du chômage, accentue les processus de déclassement à l'embauche. Le télescopage des diplômes conduit, par exemple, les détenteurs d'un brevet de technicien supérieur (niveau III) à exclure des emplois de niveau IV les bacheliers professionnels qui, à leur tour, doivent se contenter d'occuper des postes d'ouvrier qualifié (niveau V), réservés, en principe, aux titulaires d'un C.A.P.

L'aggravation du chômage chez les jeunes inspire ou développe le souci d'ouvrir plus largement le système scolaire et universitaire sur le monde du travail.

Ainsi, les lycées professionnels intègrent, dans le cursus scolaire, des phases d'alternance en entreprise. En outre, différents moyens sont mis en œuvre pour faciliter l'insertion sociale des jeunes non ou peu diplômés : crédit de formation individualisé, contrat emploi-solidarité, contrat d'orientation, d'adaptation ou de qualification, etc. Dans l'enseignement supérieur, les *magistères*, créés en 1985, couronnent, dans les universités, une formation professionnelle de haut niveau, tandis que les *masters* sanctionnent, depuis 1986, des formations sélectives et pointues dans les écoles de commerce et d'ingénieurs. Plus récemment, les *instituts supérieurs professionnalisés* assurent, depuis 1991, une formation de quatre années, adaptée au marché de l'emploi.

L'institution de nouveaux rapports entre le système éducatif et les entreprises n'exclut pas la persistance de tensions à propos du rôle de l'école et de la place de la formation générale dans l'apprentissage et l'adaptation professionnelle des jeunes.

Dans une perspective à plus long terme, les gouvernements qui se succèdent au cours des années 1980 et 1990 ne cessent de proclamer le rôle décisif de la formation dans la lutte contre le chômage et de considérer l'éducation comme la « première des priorités nationales ».

Cet objectif ambitieux, qui s'exprime à travers la *loi d'orientation* de 1989 et le *nouveau contrat pour l'école* de 1994, impose certaines mesures importantes comme l'organisation, pour les futurs enseignants, de la maternelle à la terminale, d'*instituts universitaires de formation des maîtres* (I.U.F.M.), le lancement d'opérations d'évaluation des résultats scolaires ou l'extension des zones d'éducation prioritaires (Z.E.P.). Créés en 1991, les I.U.F.M. recrutent, au niveau de la licence, les futurs enseignants du premier et du second degré. Au terme d'une formation, en partie commune, d'une durée de deux années, ces étudiants sont appelés à exercer les fonctions de professeur des écoles ou de professeur des collèges et des lycées. A la rentrée de 1994, 29 I.U.F.M. ont accueilli plusieurs milliers d'étudiants et stagiaires de première et de deuxième année. Une licence pluridisciplinaire a été instituée, à titre expérimental, à l'intention des candidats aux métiers de l'enseignement.

Les réformes successives de l'enseignement français interfèrent avec les délicats problèmes que la construction de l'Europe pose en matière d'organisation des études, de formation linguistique et de délivrance des diplômes.

A ce propos, différentes initiatives prises au cours des années 1980 sont aujourd'hui regroupées dans deux grands programmes : le programme *Leonardo* de coopération en matière de recherche scientifique et technique, et le programme *Socrates* qui associe les projets de plusieurs pays dans le domaine des langues et du patrimoine culturel. En France, l'apprentissage des langues étrangères, notamment celui de l'anglais, a fait l'objet, en 1989, d'un essai auprès du tiers des élèves de C.M.2. A la rentrée de 1995, cet apprentissage pourra être étendu, à raison de quinze minutes par jour, dès la classe de C.E.1.

Les implications pédagogiques de l'intégration européenne ne sauraient occulter les effets de la décentralisation et de l'essor des langues régionales. Mais la proportion des élèves qui apprennent une langue locale demeure très faible. Dans un autre domaine, la loi quinquennale de décembre 1993 prévoit le transfert aux régions des compétences en matière de formation professionnelle.

L'ouverture de l'école au monde du travail et à l'Europe suppose, comme l'éducation à l'environnement, une meilleure adaptation de l'élève au milieu proprement scolaire.

A cet égard, on retiendra, parmi les mesures prises ou annoncées au début des années 1990, l'organisation de l'enseignement préscolaire et primaire en cycles pluriannuels et l'institution d'études dirigées dans les classes du premier degré et des collèges. Dans ces derniers établissements, des classes dites de *consolidation* sont prévues pour les élèves de 6e en difficulté, tandis que des options, parmi lesquelles figure le latin, seront proposées dès la classe de 5ᵉ. Dans les lycées, l'organisation d'une formation par *modules* dans les matières dominantes est associée à une réduction sensible des filières accessibles aux élèves (3 pour les séries générales et 4 pour les séries technologiques). Toutes ces mesures devraient, d'une part, permettre aux enfants et aux adolescents de progresser à leur propre rythme et, d'autre part, améliorer les procédures d'orientation.

Pour faire face aux nouveaux défis, les gouvernements ne peuvent sous-estimer le rôle des groupes de pression. On l'a vu en 1984, avec l'échec de la tentative d'unification du système éducatif, en 1986, avec l'annulation d'un projet de réforme universitaire et, au début de l'année 1994, avec le retrait d'un texte sur la révision de la loi Falloux et l'abrogation du décret relatif au contrat d'insertion professionnelle.

En regard des fluctuations des décisions politiques, du poids de l'opinion publique et des caprices de la mode pédagogique, quelle peut être la portée des recherches réalisées dans le domaine des sciences humaines ? Songeons, à cet égard, à la récurrence des débats, souvent infructueux, sur les méthodes d'enseignement de la lecture, les causes de l'échec scolaire, le sort du collège unique, l'organisation des rythmes scolaires ou le contenu de la laïcité.

Comme toutes les sciences humaines, l'histoire de l'enseignement n'échappe pas, dans le choix de ses thèmes ou de ses orientations doctrinales, à l'influence des controverses politiques, sociales ou culturelles d'aujourd'hui. C'est dire le caractère souvent instable, temporaire, et par conséquent ouvert, des « enseignements » qu'on pourrait tirer de l'histoire pour la formation de l'homme, du travailleur et du citoyen.

Cette question recevrait sans doute des réponses univoques et durables s'il était possible d'assigner un sens précis à l'histoire et d'élaborer, du même coup, une vision prophétique du devenir de l'enseignement.

LES CHEMINS DE L'HISTOIRE
DE L'ENSEIGNEMENT

Avant de s'engager dans des supputations hasardeuses sur l'avenir de l'école, il pourrait être utile de s'interroger, à partir d'une démarche empirique, sur quelques-uns des chemins suivis par l'histoire de l'enseignement.

A cet égard, une première caractéristique s'impose à l'esprit : la construction du système éducatif français s'est effectuée à partir du sommet.

En effet, si l'on prend en compte, non pas les réalisations partielles et isolées, mais les moyens mis en œuvre pour dispenser massivement et systématiquement un certain niveau de formation à des couches sociales déterminées, on peut dire que l'édification institutionnelle s'est opérée par vagues successives qui ont porté au-devant de la scène, d'abord les universités médiévales, puis les collèges secondaires de l'Ancien Régime et, en dernier lieu, les écoles primaires, les classes maternelles et les cours d'adultes du XIXe siècle.

Ce mouvement *descendant* s'exprime aussi par la démocratisation de l'enseignement, par l'ouverture aux classes moyennes, puis aux classes populaires, des établissements initialement accessibles aux seules classes supérieures.

On l'observe également dans l'un des principaux projets qui traversent l'histoire de l'enseignement colonial. Ainsi, l'administration française s'est constamment préoccupée, en Algérie, de former des élites dont la vocation était, selon la période considérée, de devenir des médiateurs politiques, des fonctionnaires de la justice, du culte et de l'enseignement musulmans, des cadres de la vie économique, administrative ou militaire, et enfin des membres des professions libérales.

On ne saurait pour autant réduire l'histoire de l'enseignement à un simple schéma unilinéaire. Une analyse plus approfondie de l'évolution des institutions permet, en effet, de déceler, à côté du mouvement *descendant*, un mouvement *ascendant* qui revêt différentes formes, notamment l'extension à une clientèle d'un niveau social ou culturel élevé, d'établissements préalablement destinés à des publics modestes.

L'histoire de l'enseignement technique illustre de diverses façons ce mouvement *ascendant*. On sait, à ce propos (chap. IV), que les Cours révolutionnaires de l'an II, organisés en 1794 pour « démultiplier » la formation technique, pédagogique et civique d'ouvriers armuriers ont, en raison de leur succès, inspiré la création d'autres instances de formation, notamment celle de l'Ecole normale [supérieure] de l'an III. Il s'agit quelquefois, non pas de la reproduction ou de la diffusion d'un modèle jugé efficace, mais du changement des structures, des fonctions ou de la clientèle d'une institution. Ainsi, les premières écoles d'arts et métiers, destinées, au début du XIXe siècle, à la formation d'ouvriers qualifiés et de contremaîtres, se transforment progressivement en écoles d'ingénieurs, afin de répondre aux exigences de l'industrialisation.

Ce mouvement *ascendant*, qui semble avoir peu retenu l'attention des spécialistes, est repérable dans divers domaines comme ceux de l'histoire de l'éducation populaire, de l'enseignement préscolaire, de l'organisation de la formation pédagogique des enseignants, et de la construction des idéologies sociales ou éducatives.

Les mouvements *descendant* et *ascendant* se côtoient et s'interpénètrent comme le montrent les rapports qu'entretiennent la culture dite savante et la culture dite populaire. Ils relèvent de mécanismes et de facteurs variables selon l'époque ou le thème abordé. Aussi, ne peut-on limiter l'étude des changements institutionnels au seul énoncé de ces *lois tendancielles*.

On pourrait associer, à l'analyse de ces tendances, celle des phénomènes de *récurrence*, observables, par exemple, à travers les avatars des débats théoriques et des conflits qui se nouent périodiquement autour de la notion de laïcité, ou dans la nature des moyens conçus ou mis en œuvre pour prévenir ou réduire l'échec scolaire grâce à l'adaptation de l'institution éducative à l'accueil de publics hétérogènes.

Ainsi, aux réformes successives du premier cycle secondaire qui, au cours des années 1960 et 1970, ont fait alterner les notions de collège unique et de filières distinctes, répondent aujourd'hui, pour le second cycle, les projets d'organisation des études et d'aménagement des contenus, suscités par l'ambition d'amener quatre cinquièmes d'une classe d'âge au niveau du baccalauréat.

Les mouvements de longue durée et les phénomènes de *récurrence* ne rendent que partiellement compte de la complexité des changements qui affectent les institutions scolaires et universitaires. A ce propos, les rythmes de l'évolution économique, technique, démographique, sociale et culturelle, les aléas de la vie politique et les contraintes de l'environnement international sont propres à éclairer l'*alternance* de périodes d'expansion et de relative stagnation, la succession de mouvements de différenciation et d'intégration des finalités ou des structures.

Il convient de préciser ici que la production d'un événement pédagogique nécessite, le plus souvent, l'intervention simultanée de plusieurs facteurs. Ainsi, l'institution de l'obligation scolaire, au début de la IIIe République, répondait non seulement aux exigences de l'industrialisation, mais aussi à la conjonction d'intérêts distincts, voire contradictoires, exprimés respectivement par les notables qui voyaient dans l'école un instrument de contrôle et de moralisation, les futures élites républicaines qui se préoccupaient de soustraire les classes laborieuses à l'emprise du clergé, et enfin par les salariés eux-mêmes qui étaient de plus en plus nombreux à concevoir l'utilité de l'instruction pour eux et leurs enfants.

L'alternance revêt parfois la forme de *décalages* de plus ou moins longue durée entre des phases d'anticipation doctrinale et des phases de réalisation effective. Les unes et les autres paraissent également nécessaires, ainsi que le montrent, comme sous l'effet d'un miroir grossissant, les décisions qui ont suivi, à plus ou moins longue échéance, les projets audacieux de la Révolution.

L'évolution des institutions scolaires et universitaires est enfin riche en exemples d'effets pervers ou de *retournement* : l'application d'une loi, d'une méthode ou d'une technique produit, à plus ou moins long terme, des résultats souvent différents, parfois inverses, de ceux qu'attendait le législateur ou le novateur.

On pourrait rappeler, à ce propos, la fonction ambivalente des écoles mutuelles au début du XIXe siècle : rentabilité économique pour les uns, émancipation intellectuelle ou sociale pour les autres. Des phénomènes de retournement sont relevés par F. Mayeur, à propos de l'application de la loi Camille Sée qui, en 1880, a assuré le développement de l'enseignement secondaire féminin dans le cadre de l'Instruction publique. Se référant implicitement au modèle traditionnel du rôle social de la femme, le législateur assignait à cet enseignement l'objectif de former, non pas des travailleuses, mais des épouses et des mères. Or, les idées dominantes de l'époque imposaient que cet enseignement fût assuré par des femmes. En développant, en faveur de celles-ci, les carrières de l'enseignement, on niait, du même coup, les intentions initiales des responsables politiques.

L'analyse de ces retournements est propre à prévenir ou à dissiper certaines illusions pédagogiques : en réponse aux questions fondamentales sur les finalités ou l'avenir du système scolaire, l'illusion

124

volontariste qui consiste à voir dans l'école l'instrument irremplaçable de la libération humaine et de la transformation sociale, cède souvent le pas à l'illusion fataliste qui privilégie la fonction de reproduction des inégalités et minimise, du même coup, la portée de toute action éducative.

Si l'on accepte les phénomènes de récurrence, d'alternance, de décalage et de retournement comme des traits importants de l'évolution pédagogique, on conçoit alors ce que pourrait être l'apport de l'histoire de l'enseignement à la réflexion ou à l'action éducative d'aujourd'hui.

Si l'on accepte les phénomènes de récurrence, d'alternance, de décalage et de retournement comme des traits importants de l'évolution pédagogique, on conçoit alors ce que pourrait être l'apport de l'histoire de l'enseignement à la réflexion et à l'action, surtout dans les périodes de crise où les responsables politiques et les agents éducatifs ne peuvent que prendre en compte les effets souvent imprévisibles de changements sociaux, économiques et techniques dont les mécanismes sont loin d'être parfaitement maîtrisés.

BIBLIOGRAPHIE

BUISSON (F.), *Dictionnaire de pédagogie et d'instruction primaire*, Hachette, 4 vol., 1887.

CHARLOT (B.), *L'école en mutation. Crise de l'école et mutations sociales*, Payot, 1987.

CHARTIER (R.) et autres, *L'éducation en France du XVIe au XVIIIe siècle*, S.E.D.E.S., 1976.

COMPÈRE (M.-M.), JULIA (D.), *Les collèges français, XVIe-XVIIIe siècle*. Répertoire 1 : *France du Midi*. Répertoire 2 : *France de l'Ouest*, I.N.R.P. et C.N.R.S., 1984 et 1988.

DURKHEIM (E.), *L'évolution pédagogique en France (1902)*, P.U.F., éd. de 1968.

DUVEAU (G.), *La pensée ouvrière sur l'éducation*, Domat-Monchrestien, 1947.

FURET (F.) et autres, *Lire et écrire. L'alphabétisation des Français de Calvin à Jules Ferry*, Ed. de Minuit, 2 vol., 1977.

GIOLITTO (P.), *Histoire de l'enseignement primaire au XIXe siècle*, 2 vol., I. *L'organisation pédagogique*, II. *Les méthodes d'enseignement*, Nathan, 1983 et 1984.

GONTARD (M.), *L'enseignement secondaire en France de la fin de l'Ancien Régime à la loi Falloux*, Edisud, 1984.

GROSPERRIN (B.), *Les petites écoles sous l'Ancien Régime*, Ouest-France, Université de Rennes, 1984.

JULIA (D.) et autres, *Les universités européennes du XVIe au XVIIIe siècle*. T. I. *Histoire sociale des populations étudiantes*, Ed. E.H.E.S.S., 1986.

MARROU (H.), *Histoire de l'éducation dans l'Antiquité*, Ed. du Seuil, 4e éd., 1958.

MAYEUR (F.), *L'éducation des filles en France au XIXe siècle*, Hachette, 1979.

PARIAS (L. H.) et autres, *Histoire générale de l'enseignement et de l'éducation en France*, Nouvelle Librairie de France, 4 vol., 1981.

PROST (A.), *L'enseignement en France (1800-1967)*, A. Colin, 1968.

PROST (A.), *Education, société et politique. Une histoire de l'enseignement en France de 1945 à nos jours*, Seuil, 1992.

RICHE (P.), *Education et culture dans l'Occident barbare*, Ed. du Seuil, 1962.

SAGNES (J.) et autres *L'enseignement du second degré en France au XXe siècle*, Presses Universitaires de Perpignan, 1995.

VERGER (J.) et autres, *Histoire des universités en France*, Privat, 1986.

TABLE DES MATIÈRES

Imprimé en France
Imprimerie des Presses Universitaires de France
73, avenue Ronsard, 41100 Vendôme
Juin 1995 — N° 41 618